초등영어 리딩이 된다 Jump 2

지은이 NE능률 영어교육연구소
선임연구원 김지현
연구원 서수진 권영주 김그린
영문교열 August Niederhaus MyAn Thi Le Nathaniel Galletta
디자인 (주)홍당무
내지 일러스트 곽호명 민인숙 안홍준 오즈 조화평 최원선
영업 한기영 이경구 박인규 정철교 김남준 이우현
마케팅 박혜선 남경진 이지원 김여진

Photo Credits Shutterstock
Wikimedia Commons

43
SINCE 1980
Let's grow together
NE능률이
미래를
창조합니다.
건강한 배움의 고객가치를 제공하겠다는 꿈을 실현하기 위해
40년이 넘는 시간 동안 열심히 달려왔습니다.
앞으로도 끊임없는 연구와 노력을 통해
당연한 것을 멈추지 않고
고객, 기업, 직원 모두가 함께 성장하는 NE능률이 되겠습니다.
NE 능률

NE능률의 모든 교재가 한 곳에 - 엔이 북스

NE_Books

www.nebooks.co.kr ▼

NE능률의 유초등 교재부터 중고생 참고서,
토익·토플 수험서와 일반 영어까지!
PC는 물론 태블릿 PC, 스마트폰으로 언제 어디서나
NE능률의 교재와 다양한 학습 자료를 만나보세요.

- ✓ 필요한 부가 학습 자료 바로 찾기
- ✓ 주요 인기 교재들을 한눈에 확인
- ✓ 나에게 딱 맞는 교재를 찾아주는 스마트 검색
- ✓ 함께 보면 좋은 교재와 다음 단계 교재 추천
- ✓ 회원 가입, 교재 후기 작성 등 사이트 활동 시 NE Point 적립

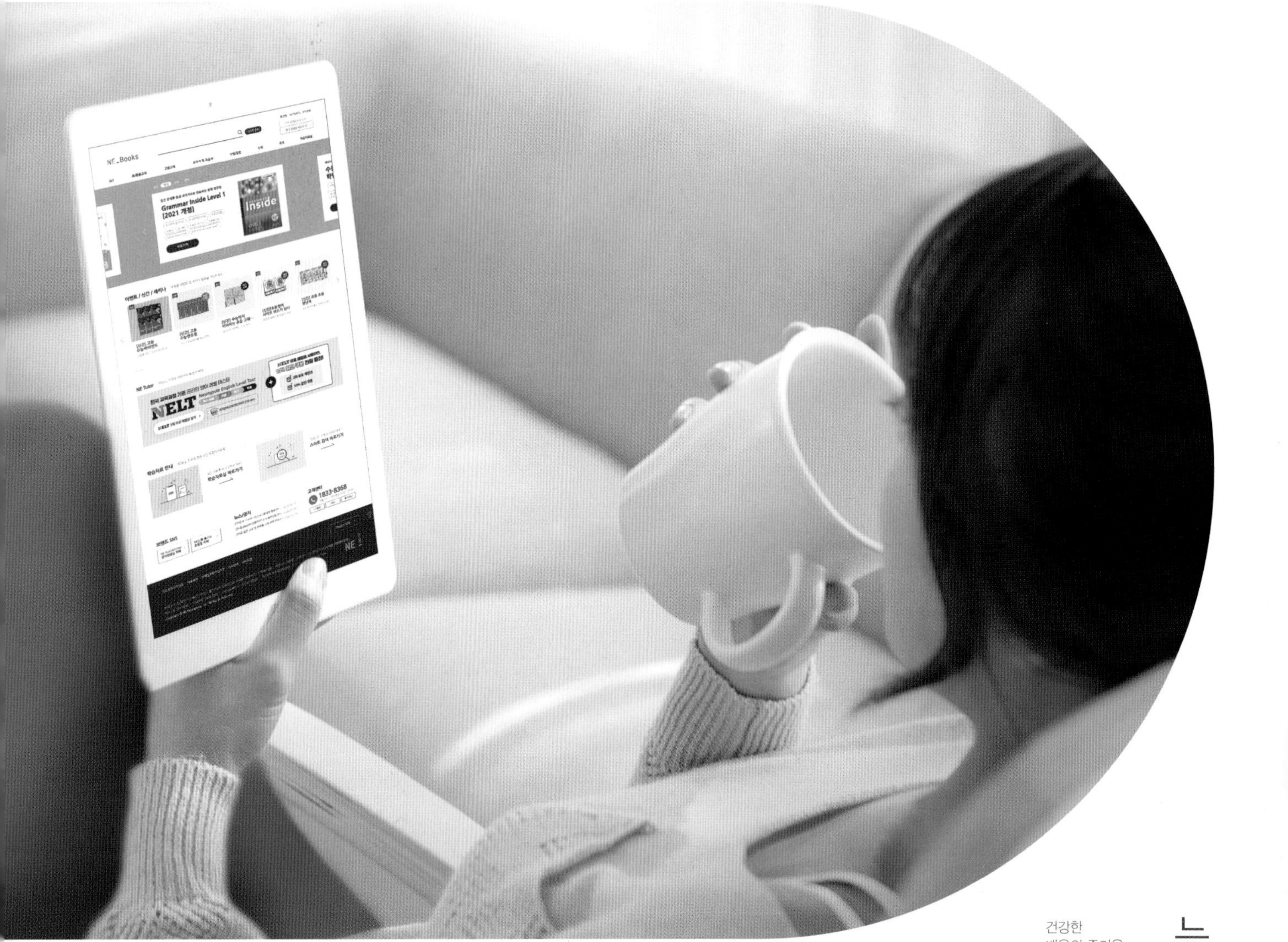

건강한
배움의 즐거움
NE 능률

영어교과서 리딩튜터 능률보카 빠른독해 바른독해 수능만만 월등한 개념 수학 유형 더블

NE_Build & Grow NE_Times NE_Kids(굿잡, 상상수프) NE_능률 주니어랩 아이챌린지

초등영어 리딩이 된다

Jump 2

초등영어 리딩이 된다로 공부하면?

1 학교에서 배운 지식을 바탕으로 영어 독해를 할 수 있습니다.

영어를 언어 그 자체로 익히기 위해서는 '내용 중심'의 접근이 중요합니다. 〈초등영어 리딩이 된다〉 시리즈는 우리나라 초등학교 교과과정을 바탕으로 소재를 구성하였습니다. 이 책으로 학생들은 이미 알고 있는 친숙한 소재를 통해 영어를 더욱 재미있고 효과적으로 학습할 수 있을 뿐 아니라 교과 지식과 관련된 영어를 자연스럽게 습득할 수 있습니다.

2 통합교과적 사고를 키울 수 있습니다.

초등학생들은 학교에서 국어, 영어, 사회, 과학 등의 과목을 따로 분리하여 배웁니다. 하지만 실생활에서는 학교에서 공부하는 교과 지식이 모두 연관되어 있습니다. 따라서 교과 간의 단절된 지식이 아닌, 하나의 주제를 다양한 교과목의 관점에서 생각할 수 있는 '통합교과적 사고'를 기르는 것이 중요합니다. 〈초등영어 리딩이 된다〉 시리즈는 하나의 대주제를 중심으로 다양한 교과를 연계하여, 영어를 배우면서 동시에 통합적 사고를 키울 수 있습니다.

3 4차 산업혁명의 키워드인 '컴퓨팅 사고력'도 함께 기를 수 있습니다.

최근 4차 산업혁명과 함께 코딩 교육을 향한 관심이 높아지고 있습니다. 이러한 트렌드의 핵심은 단순히 코딩 기술을 익히는 것이 아닌, 컴퓨팅 사고력과 창의성을 통해 주어진 문제의 본질을 파악하고 이를 해결하는 능력을 기르는 것입니다. 〈초등영어 리딩이 된다〉 시리즈는 매 Unit의 Brain Power 코너를 통해 배운 내용을 정리하는 동시에 컴퓨팅 사고력을 기를 수 있도록 구성하였습니다.

초등영어 리딩이 된다 이렇게 공부하세요.

1. 자신 있게 학습할 수 있는 단계를 선택해요.

〈초등영어 리딩이 된다〉 시리즈는 학생 개인의 영어 실력에 따라 단계를 선택하여 학습할 수 있는 교재입니다. 각 권별 권장 학년에 맞춰 교재를 선택하거나, 레벨 테스트를 통하여 자신의 학습 상황에 맞는 교재를 선택해 보세요. www.nebooks.co.kr/leveltest에 접속해서 〈초등영어 리딩이 된다〉 레벨 테스트를 무료로 응시하고 나에게 딱 맞는 교재를 추천받으세요.

2. 나만의 학습 플랜을 짜보아요.

책의 7쪽에 있는 학습 플랜을 참고해서 나만의 학습 계획표를 짜 보세요. 한 개 Unit을 이틀에 나눠서 학습하는 24일 완성 플랜과, 하루에 한 개 Unit을 학습하는 12일 완성 플랜 중 꼭 지킬 수 있는 플랜을 선택하여 계획을 세우고, 실천해 보세요!

3. 다양한 주제에 관한 생각을 키워요.

Chapter나 Unit을 시작할 때마다 주제에 관해 생각해볼 수 있는 다양한 질문이 수록되어 있습니다. 이 질문들에 답을 하는 과정에서 다양한 주제에 관한 배경지식을 활성화시켜 학습에 대한 집중도와 이해도를 더 높일 수 있어요!

4. 리딩에 나올 단어들을 반복해서 암기해요.

〈초등영어 리딩이 된다〉 시리즈는 본격적인 리딩을 시작하기 전, 리딩에 나오는 단어들을 먼저 학습할 수 있도록 구성되어 있습니다. 단어를 암기한 후 리딩을 시작하면 리딩 내용에 집중하는 데 큰 도움이 됩니다. 단어들을 미리 다 암기하지 못한다면 리딩을 하는 동안 책 뒷부분의 단어장을 같이 이용해보세요. 리딩에 나오는 주요 단어들의 뜻을 바로 확인할 수 있어 직독직해에 도움을 얻을 수 있어요.

5. 무료 온라인 부가자료를 활용해요.

영어는 반복이 중요합니다. NE능률 교재 홈페이지 www.nebooks.co.kr에서 제공되는 통문장 워크시트, 직독직해 워크시트, 어휘 테스트지를 활용하여 배운 내용을 복습해 보세요.

구성 및 활용법

STEP 01 Ready

1. 하나의 대주제로 과목들이 어떻게 연계되어 있는지 한눈에 파악할 수 있습니다.
2. 본격적인 학습 전 Chapter의 대주제와 관련된 설명을 읽고 Chapter에서 배울 내용을 파악할 수 있습니다.
3. Chapter 대주제와 관련된 질문에 답하며 뒤에 이어질 내용을 생각해봅니다.

STEP 02 Words

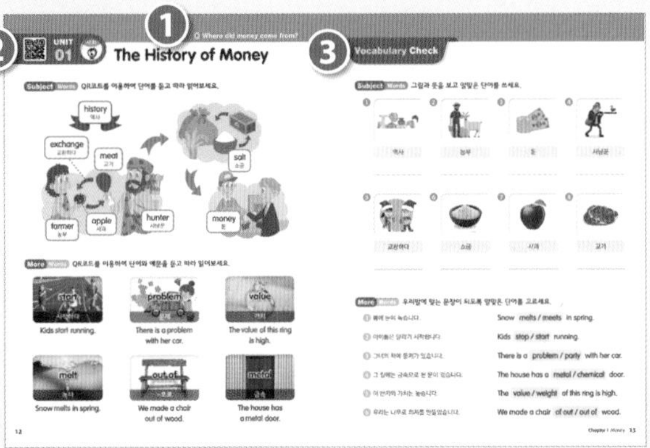

Unit의 새로운 단어를 배우고 활동들을 통해 단어를 익힐 수 있습니다.

1. Unit과 관련된 질문에 답하며 뒤에 이어질 내용을 생각해봅니다.
2. QR코드를 스캔하여 Unit에서 배울 주요 단어를 듣고 따라 읽어봅니다.
   - ▸ Subject Words: 이야기와 관련된 주제 단어를 머릿속으로 시각화하여 익힙니다.
   - ▸ More Words: 기타 주요 단어들을 사진과 예문으로 익힙니다.
3. 두 가지 유형의 어휘 문제를 통해 단어를 정확히 알고 있는지 확인 합니다.

STEP 05 Wrap UP!

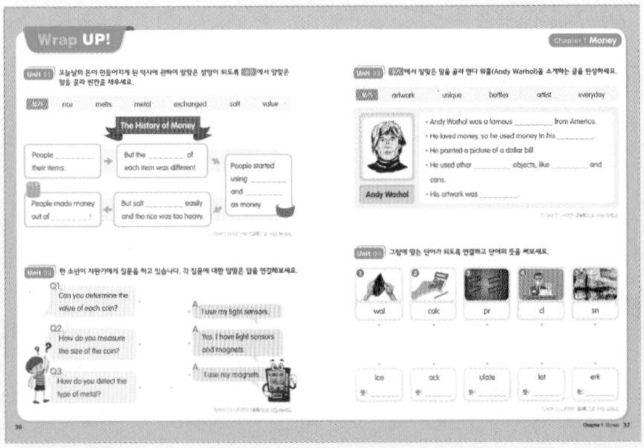

한 Chapter가 끝나면 Wrap UP! 문제를 통해 다시 한번 Chapter의 내용을 복습합니다.

+a 추가 학습자료 Workbook

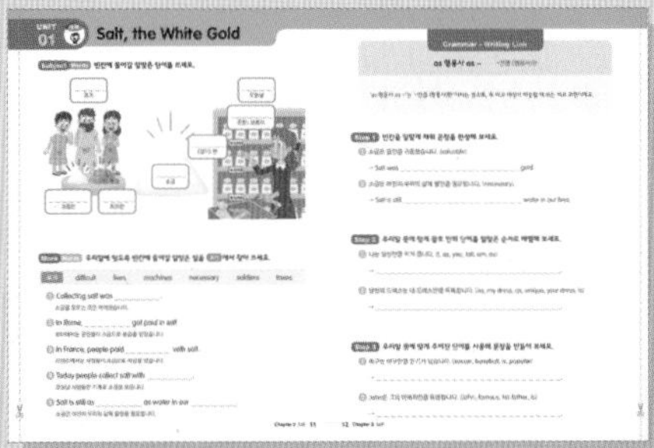

매 Unit 학습 후 워크북으로 주요 단어와 핵심 문법을 복습할 수 있습니다.

STEP 03 Reading

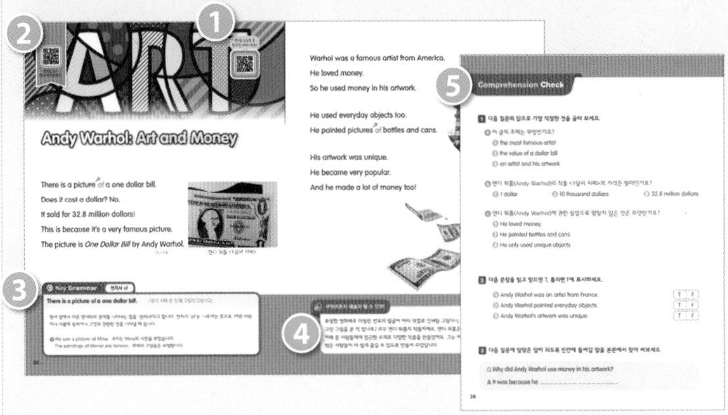

Unit에서 새롭게 배울 이야기를 읽고 확인 문제를 풀어봅니다.

1. 이야기와 관련된 음악이나 영상 QR코드가 있는 경우 먼저 감상합니다.
2. QR코드를 스캔하여 이야기를 듣고 따라 읽어봅니다.
3. 이야기에서 쓰인 핵심 문법(Key Grammar)을 배우고, 추가 예문을 통해 다양한 예시도 배웁니다.
4. 이야기와 관련된 배경지식을 쌓을 수 있습니다.
5. 글의 주제 찾기, 세부 내용 확인하기, T/F 문제, 영어 질문에 답하기 활동을 통해 앞서 배운 내용을 정리합니다.

STEP 04 Brain Power

재미있는 퀴즈를 풀며 코딩을 위한 컴퓨팅 사고력을 기르고 Unit에서 배운 내용을 점검합니다.

1. QR코드를 스캔하면 각 문제의 힌트 영상을 볼 수 있습니다.

별책부록 - 단어장

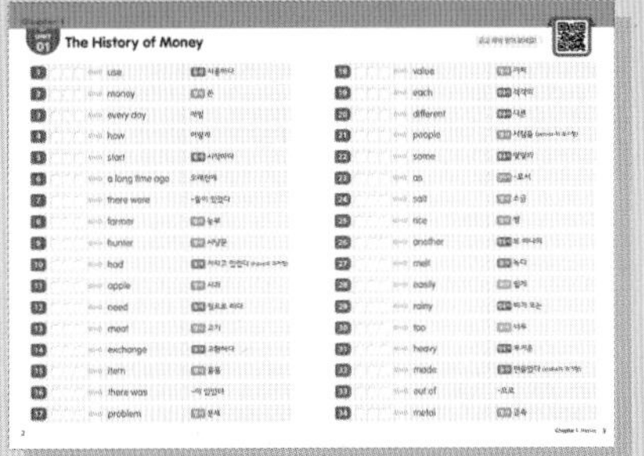

본문의 해석을 돕는 풍부한 단어 리스트가 들어있어, 단어를 예·복습 할 수 있습니다.

모바일 Teaching Guide

QR코드를 스캔하면 지도에 유용한 팁, 배경지식, 관련 영상 등을 활용하여 편리하게 지도하실 수 있습니다.

온라인 레벨테스트

QR코드를 스캔하여 레벨테스트를 응시하면 학생의 학습 상황에 맞는 교재를 추천받을 수 있습니다.

무료 부가서비스

- 통문장, 직독직해 워크시트
- 어휘 테스트지

www.nebooks.co.kr에서 다운로드하세요!

목차

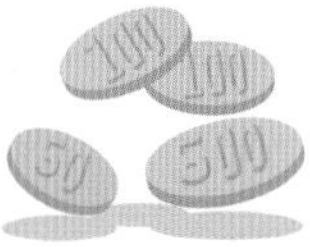

Chapter 1. Money

Unit 01 The History of Money 12
사회 경제 체제

Unit 02 Smart Vending Machine 18
과학 혼합물의 분리

Unit 03 Andy Warhol: Art and Money 24
미술 작품과 배경

Unit 04 How Can I Pay? 30
수학 가능성

Wrap UP! 36

쉬어가기 38

Chapter 2. Salt

Unit 01 Salt, the White Gold 42
사회 희소성

Unit 02 Does the Sea Freeze? 48
과학 용액의 성질

Unit 03 Huge Artwork Made of Salt 54
미술 작품과 배경

Unit 04 Which Seawater Is Saltier? 60
수학 비와 비율

Wrap UP! 66

쉬어가기 68

Chapter 3. Environment

Unit 01 Cars for the Environment 72
사회 지속가능한 발전

Unit 02 Plastic Island 78
과학 환경 오염이 생물에 미치는 영향

Unit 03 Green Buildings in Cities 84
미술 조형 원리

Unit 04 Special Farming with Ducks 90
실과 친환경 미래 농업

Wrap UP! 96

쉬어가기 98

부록

· 단어장 · Workbook / 정답 및 해설 (책속책)

24일 완성

하루에 Student Book 한 개 Unit을 학습하고
다음 날 Workbook 및 온라인 부가자료로 복습하는 구성입니다.

Chapter	Unit	학습 분량	학습 날짜	학습 분량	학습 날짜
Chapter 1	Unit 01	1일차 Student Book	__월 __일	2일차 Workbook	__월 __일
	Unit 02	3일차 Student Book	__월 __일	4일차 Workbook	__월 __일
	Unit 03	5일차 Student Book	__월 __일	6일차 Workbook	__월 __일
	Unit 04	7일차 Student Book	__월 __일	8일차 Workbook	__월 __일
Chapter 2	Unit 01	9일차 Student Book	__월 __일	10일차 Workbook	__월 __일
	Unit 02	11일차 Student Book	__월 __일	12일차 Workbook	__월 __일
	Unit 03	13일차 Student Book	__월 __일	14일차 Workbook	__월 __일
	Unit 04	15일차 Student Book	__월 __일	16일차 Workbook	__월 __일
Chapter 3	Unit 01	17일차 Student Book	__월 __일	18일차 Workbook	__월 __일
	Unit 02	19일차 Student Book	__월 __일	20일차 Workbook	__월 __일
	Unit 03	21일차 Student Book	__월 __일	22일차 Workbook	__월 __일
	Unit 04	23일차 Student Book	__월 __일	24일차 Workbook	__월 __일

12일 완성

하루에 Student Book 한 개 Unit을 학습하고 Workbook으로 정리하는 구성입니다.
온라인 부가자료를 다운받아 추가로 복습할 수 있습니다.

Chapter 1

1일차 Unit 01 __월 __일	2일차 Unit 02 __월 __일
3일차 Unit 03 __월 __일	4일차 Unit 04 __월 __일

Chapter 2

5일차 Unit 01 __월 __일	6일차 Unit 02 __월 __일
7일차 Unit 03 __월 __일	8일차 Unit 04 __월 __일

Chapter 3

9일차 Unit 01 __월 __일	10일차 Unit 02 __월 __일
11일차 Unit 03 __월 __일	12일차 Unit 04 __월 __일

초등영어
리딩이 된다

단계	Chapter	대주제	Unit	제목	연계 과목	초등 교육과정 내용 체계	
						영 역	핵심 개념
 Jump 1 (90 words) 초등 5-6학년	1	Stars	1	Changing Stars	과학	우주	태양계의 구성과 운동
			2	Twinkle, Twinkle, Little Star	음악	감상	음악의 배경
			3	The Hubble Space Telescope	실과	기술 활용	혁신
			4	The Oldest Observatory in Asia	사회	정치·문화사	삼국의 성장과 통일
	2	Plants	1	Different Areas, Different Plants	사회	자연 환경과 인간 생활	지형 환경
			2	Plants Make Their Own Food	과학	생물의 구조와 에너지	광합성과 호흡
			3	Water Lilies	미술	감상	이해
			4	Numbers in Nature	수학	규칙성	규칙성과 대응
	3	Relationships	1	We Live Together	사회	지속 가능한 세계	갈등과 불균등의 세계
			2	Food Chains and Food Webs	과학	환경과 생태계	생태계와 상호 작용
			3	Good Relationships through Sports	체육	경쟁	경쟁·협동, 대인 관계
			4	Three Friends: Gram, Kilogram, and Ton	수학	측정	양의 측정
 Jump 2 (90 words) 초등 5-6학년	1	Money	1	The History of Money	사회	경제	경제생활과 선택
			2	Smart Vending Machine	과학	물질의 성질	물리적 성질과 화학적 성질
			3	Andy Warhol: Art and Money	미술	감상	이해
			4	How Can I Pay?	수학	자료와 가능성	가능성
	2	Salt	1	Salt, the White Gold	사회	경제	경제생활과 선택
			2	Does the Sea Freeze?	과학	물질의 성질	물리적 성질과 화학적 성질
			3	Huge Artwork Made of Salt	미술	감상	이해
			4	Which Seawater Is Saltier?	수학	규칙성	규칙성과 대응
	3	Environment	1	Cars for the Environment	사회	지속가능한 세계	지속가능한 환경
			2	Plastic Island	과학	환경과 생태계	생태계와 상호 작용
			3	Green Buildings in Cities	미술	표현	제작
			4	Special Farming with Ducks	실과	기술 활용	지속가능

단계	Chapter	대주제	Unit	제목	연계 과목	초등 교육과정 내용 체계	
						영 역	핵심 개념
 Jump 3 (100 words) 초등 5-6학년	1	Music	1	Seodong's Song	사회	정치·문화사	삼국의 성장과 통일
			2	Copyright	실과	기술 활용	혁신
			3	Painting Music	미술	체험	연결
			4	Math in Harmony	수학	규칙성	규칙성과 대응
	2	Architecture	1	I Want to Be an Architect	실과	기술 활용	적응
			2	Hwaseong Fortress	사회	정치·문화사	전란과 조선 후기 사회의 변동
			3	Gaudi's Unique Architecture	미술	표현	발상
			4	Different Types of Pyramids	수학	도형	입체도형
	3	Ice	1	Water and Ice	과학	물질의 변화	물질의 상태 변화
			2	The Arctic and the Antarctic	사회	자연 환경과 인간 생활	기후 환경
			3	Winter Festivals	미술	체험	연결
			4	Which Piece of Ice Is Bigger?	수학	측정	양의 측정
 Jump 4 (100 words) 초등 5-6학년	1	Color	1	How Do We See Colors?	과학	파동	파동의 성질
			2	Purple, the Royal Color	사회	사회·경제사	신분제의 변화
			3	The Three Primary Colors	미술	표현	제작
			4	Eating by Color	실과	가정 생활과 안전	생활 문화
	2	Bread	1	What Makes Bread Soft?	과학	생명과학과 인간의 생활	생명공학 기술
			2	Breads from Around the World	사회	인문환경과 인간 생활	문화의 공간적 다양성
			3	Painter's Bread	미술	표현	제작
			4	Why Are Pizzas Round?	수학	도형	평면도형
	3	Gold	1	Gold and Copper	과학	전기와 자기	전기
			2	Finding a Solution with Gold	사회	경제	국가 경제
			3	Klimt's Golden Paintings	미술	표현	제작
			4	The King's Gold	수학	규칙성	규칙성과 대응

Chapter 1 Money

우리는 물건이나 서비스를 사고팔 때 무엇을 주고받나요? 바로 '돈'이에요. 돈은 우리가 편리하게 생활할 수 있도록 도와준답니다. 그렇다면 우리는 언제부터 돈을 사용했을까요? 돈이 없었던 과거에는 사람들이 어떻게 물건을 사고팔았을까요? 이번 Chapter에서 돈의 역사부터 돈을 지불하는 여러 방법까지 돈과 관련된 흥미로운 이야기들을 읽어봅시다.

사회

UNIT 01

The History of Money

과학

UNIT 02

Smart Vending Machine

미술

UNIT 03

Andy Warhol: Art and Money

수학

UNIT 04

How Can I Pay?

Chapter Q Why do we need money?

Q Where did money come from?

UNIT 01 사회

The History of Money

Subject Words QR코드를 이용하여 단어를 듣고 따라 읽어보세요.

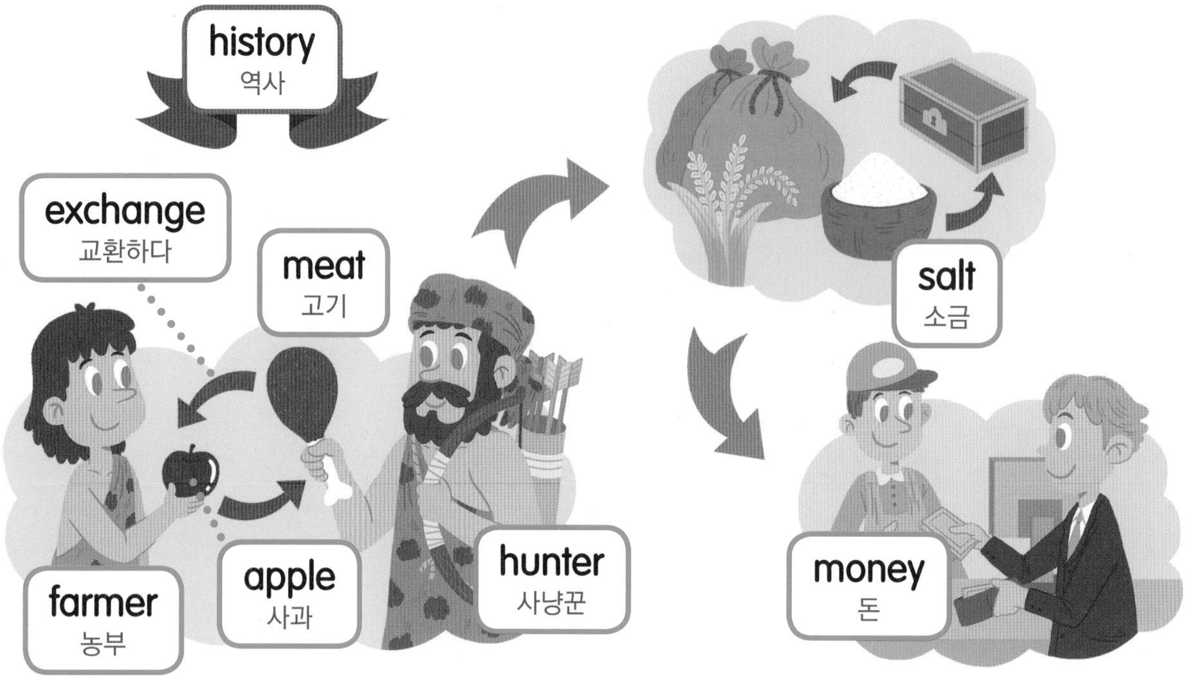

More Words QR코드를 이용하여 단어와 예문을 듣고 따라 읽어보세요.

Kids start running.

There is a problem with her car.

The value of this ring is high.

Snow melts in spring.

We made a chair out of wood.

The house has a metal door.

Vocabulary Check

Subject Words 그림과 뜻을 보고 알맞은 단어를 쓰세요.

1 
역사
______

2 
농부
______

3 
돈
______

4 
사냥꾼
______

5 
교환하다
______

6 
소금
______

7 
사과
______

8 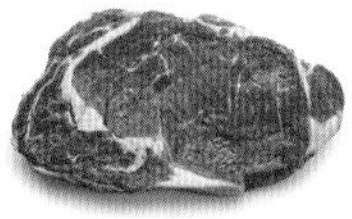
고기
______

More Words 우리말에 맞는 문장이 되도록 알맞은 단어를 고르세요.

1. 봄에 눈이 녹습니다. Snow melts / meets in spring.
2. 아이들은 달리기 시작합니다. Kids stop / start running.
3. 그녀의 차에 문제가 있습니다. There is a problem / party with her car.
4. 그 집에는 금속으로 된 문이 있습니다. The house has a metal / chemical door.
5. 이 반지의 가치는 높습니다. The value / weight of this ring is high.
6. 우리는 나무로 의자를 만들었습니다. We made a chair of out / out of wood.

지문을 듣고
따라 읽어보세요.

The History of Money

We use money every day.

But how did we start using money?

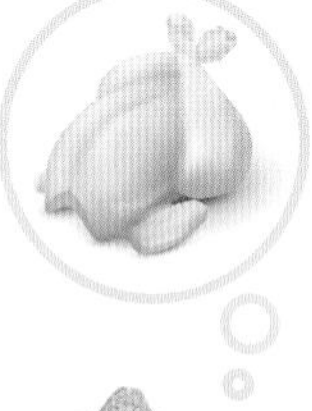

A long time ago, there were farmers and hunters.

The farmers had apples. And they needed meat.

The hunters had meat. And they needed apples.

So they exchanged their items.

Key Grammar start 동사+ing

How did we start using money? 우리는 어떻게 돈을 사용하기 시작했을까요?

'~하기 시작합니다'는 영어로 'start 동사+ing'의 형태로 표현합니다.

참고 '동사+ing'는 동사가 -e로 끝나는 경우 e를 빼고 ing를, -ie로 끝나는 경우 ie를 y로 고치고 ing를 붙입니다.

예 The boy started playing games. 그 소년은 게임을 하기 시작했습니다.

People started helping animals. 사람들은 동물을 돕기 시작했습니다.

But there was a problem.

The value of each item was different.

So people started using some items as money.

Those items were salt and rice.

But there was another problem.

Salt melts easily on rainy days.

And the rice was too heavy.

So people made money out of metal.

소금, 가축, 조개껍데기가 돈이었다니!

우리 선조들은 과거에 주로 물물교환을 했어요. 그러나 물물교환은 필요한 물건을 원할 때 찾기 어렵고, 물건들을 휴대하거나 보관하기 쉽지 않다는 단점이 있었어요. 그래서 당시 선조들은 휴대하기 쉽고 썩지 않는 물건들을 돈처럼 사용했다고 해요. 그 물건들은 바로! 소금, 동물들의 뼈, 가죽, 옷감, 그리고 조개껍데기 등이었어요. 특히 조개껍데기는 모양이 화려하고 잘 부서지지 않아 돈처럼 사용하기에 좋았대요.

Comprehension Check

1 다음 질문의 답으로 가장 적절한 것을 골라 보세요.

ⓐ 이 글의 주제는 무엇인가요?

① the history of salt and rice
② many problems with money
③ how people started using money

ⓑ 물물교환의 문제점은 무엇이었나요?

① There were not many items.
② People needed the same item.
③ The value of each item was different.

ⓒ 다음 중 과거에 돈으로 쓰인 것이 아닌 것은 무엇인가요?

① rice ② meat ③ salt

2 다음 문장을 읽고 맞으면 T, 틀리면 F에 표시하세요.

① A long time ago, farmers and hunters exchanged items. T F
② People used apples as money in the past. T F
③ Rice melts easily on rainy days. T F

3 다음 질문에 알맞은 답이 되도록 빈칸에 들어갈 말을 본문에서 찾아 써보세요.

Q What did people make after using salt and rice?

A People made money out of ________.

QR 찍고 힌트 보기

Brain Power

흥미로운 미션을 풀고 코딩을 위한 사고력도 길러보세요!

창의적 사고력

알파벳 공을 연결하면 단어들을 만들 수 있습니다. 주어진 개수만큼 단어를 만들고 뜻도 함께 써보세요. (단, 바로 옆에 있는 공끼리는 연결할 수 없어요.)

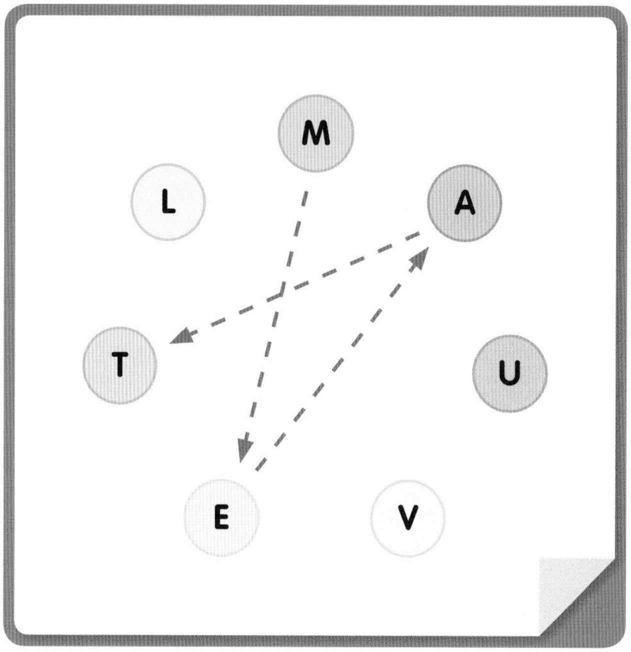

단어 2개

1. MEAT 뜻: 고기
2. 뜻:

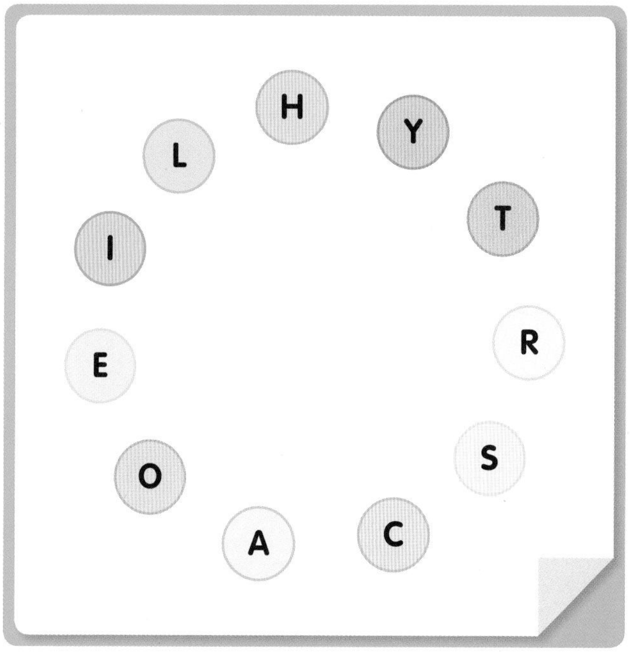

단어 3개

1. 뜻:
2. 뜻:
3. 뜻:

UNIT 02 과학

Q Have you used a vending machine? Yes ☐ No ☐

Smart Vending Machine

Subject Words QR코드를 이용하여 단어를 듣고 따라 읽어보세요.

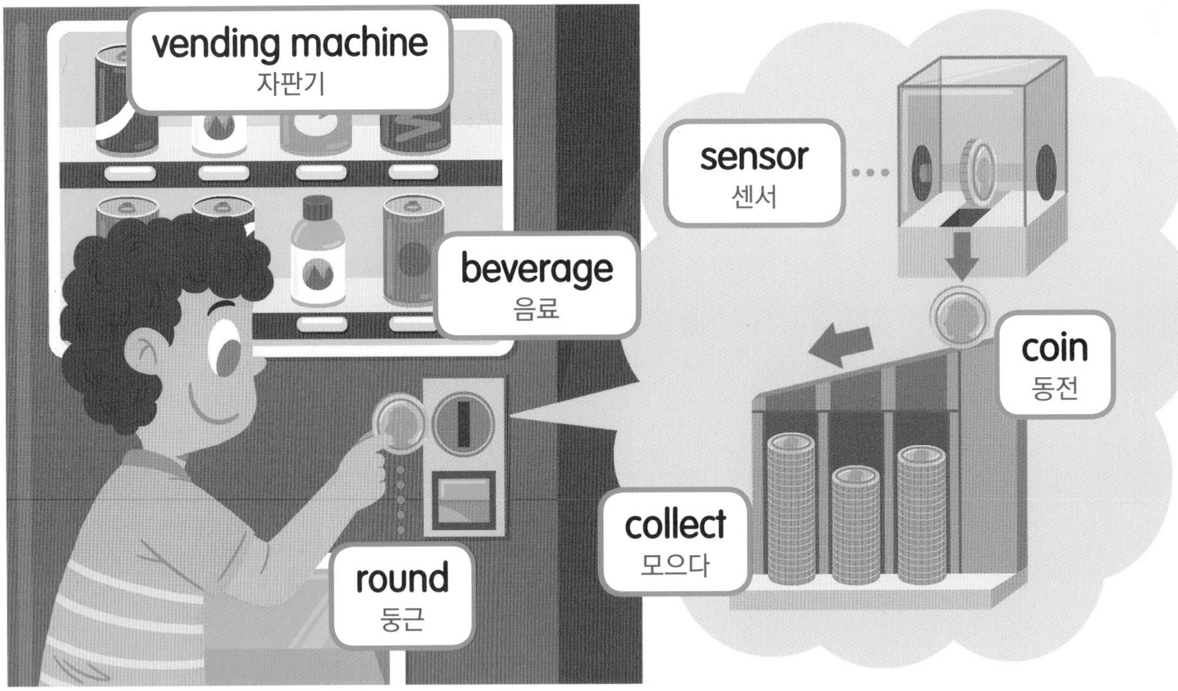

More Words QR코드를 이용하여 단어와 예문을 듣고 따라 읽어보세요.

She is a smart kid.

The woman sells flowers.

Most students are boys.

It determines the name of the song.

This is a strong magnet.

The smartphone detects my face.

Vocabulary Check

Subject Words 그림과 뜻을 보고 알맞은 단어를 쓰세요.

1 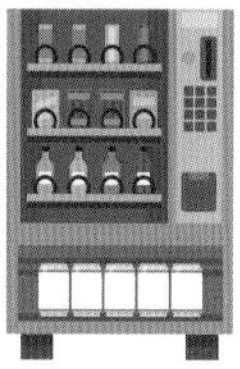

자판기

____

2 

음료

____

3 

모으다

____

4 

동전

____

5 

둥근

____

6 

센서

____

More Words 우리말에 맞는 문장이 되도록 알맞은 단어를 고르세요.

1 그 여자는 꽃을 팝니다. The woman sells / spins flowers.

2 이것은 강력한 자석입니다. This is a strong metal / magnet .

3 대부분의 학생들이 남자입니다. All / Most students are boys.

4 그녀는 똑똑한 아이입니다. She is a smart / special kid.

5 그것은 그 노래의 제목을 알아냅니다. It determines / measures the name of the song.

6 스마트폰이 내 얼굴을 탐지합니다. The smartphone detects / connects my face.

지문을 듣고
따라 읽어보세요.

Smart Vending Machine

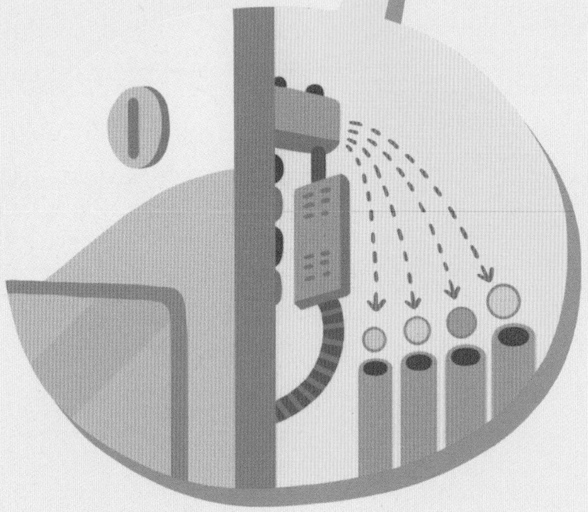

Hi, I am a smart vending machine.

I sell beverages.

And I collect coins from people.

There are many types of coins.

Most coins are round and light.

But they are all different in size and weight.

How can I determine the value of each coin?

Key Grammar 접속사 and

Most coins are round and light. 대부분의 동전들은 동그랗고 가볍습니다.

'and'는 '(그리)고'라는 뜻으로, 단어와 단어를 연결해주는 역할을 하는 접속사입니다.

참고 세 개 이상의 단어를 연결할 때는 마지막 단어 앞에만 and를 씁니다.

예 The ball is large and heavy. 그 공은 크고 무겁습니다.
Add a cup of water, salt, and sugar. 물 한 컵과 소금 그리고 설탕을 넣으세요.

I have light sensors and magnets.

With the light sensors, I measure the size of the coin.

With the magnets, I detect the type of metal.

And I also detect the weight of the metal.

Now I know the size of the coin.

I know the weight of the coin.

So I can determine the value of the coin.

세계 곳곳의 이색 자판기

일본에는 온도와 습도를 조절하여 싱싱한 상추를 판매하는 '상추 자판기'가 있어요. 이 자판기 안에는 전구가 있는데, 이 전구가 태양의 역할을 한답니다. 또, 얼린 초밥을 파는 자판기도 있어요. 얼린 초밥을 자판기에서 사서 옆에 있는 전자레인지로 데워 먹을 수 있다고 합니다. 이탈리아에는 피자 자판기가 있는데, 피자가 만들어지는 과정을 지켜볼 수 있대요. 여러분은 어떤 자판기가 생겼으면 좋겠나요?

Comprehension Check

1 다음 질문의 답으로 가장 적절한 것을 골라 보세요.

ⓐ 이 글의 주제는 무엇인가요?

① different types of coins

② how vending machines work

③ measuring the value of metal

ⓑ 자판기의 광 센서는 무엇을 측정하나요?

① the size of coins ② the weight of the metal ③ the type of metal

ⓒ 자판기 속 자석의 역할을 모두 골라보세요.

① They detect the type of metal.

② They detect the color of the metal.

③ They detect the weight of the metal.

2 다음 문장을 읽고 맞으면 T, 틀리면 F에 표시하세요.

① The vending machine sells beverages. T : F

② All coins are the same in size and weight. T : F

③ The vending machine can determine the size of coins. T : F

3 다음 질문에 알맞은 답이 되도록 빈칸에 들어갈 말을 본문에서 찾아 써보세요.

Q How can a vending machine determine the value of a coin?

A It measures the ____________ of the coin, and it detects the ____________ of metal and the ____________ of the metal.

QR 찍고 힌트 보기

Brain Power

흥미로운 미션을 풀고 코딩을 위한 사고력도 길러보세요!

문제 해결력 로봇은 화살표 명령어를 따라 미로를 탈출할 수 있어요. 자판기의 원리와 관련된 올바른 정보만을 모두 따라가도록 빈칸에 화살표를 그려 로봇의 미로 탈출을 도와주세요.

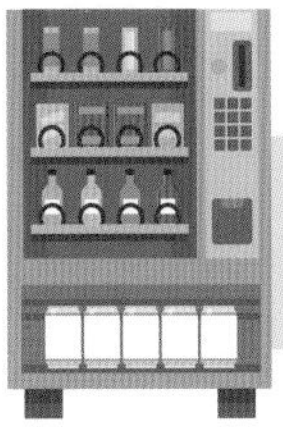

화살표 명령어: → ☐ → ☐ ← ☐ ☐ ☐ ↑

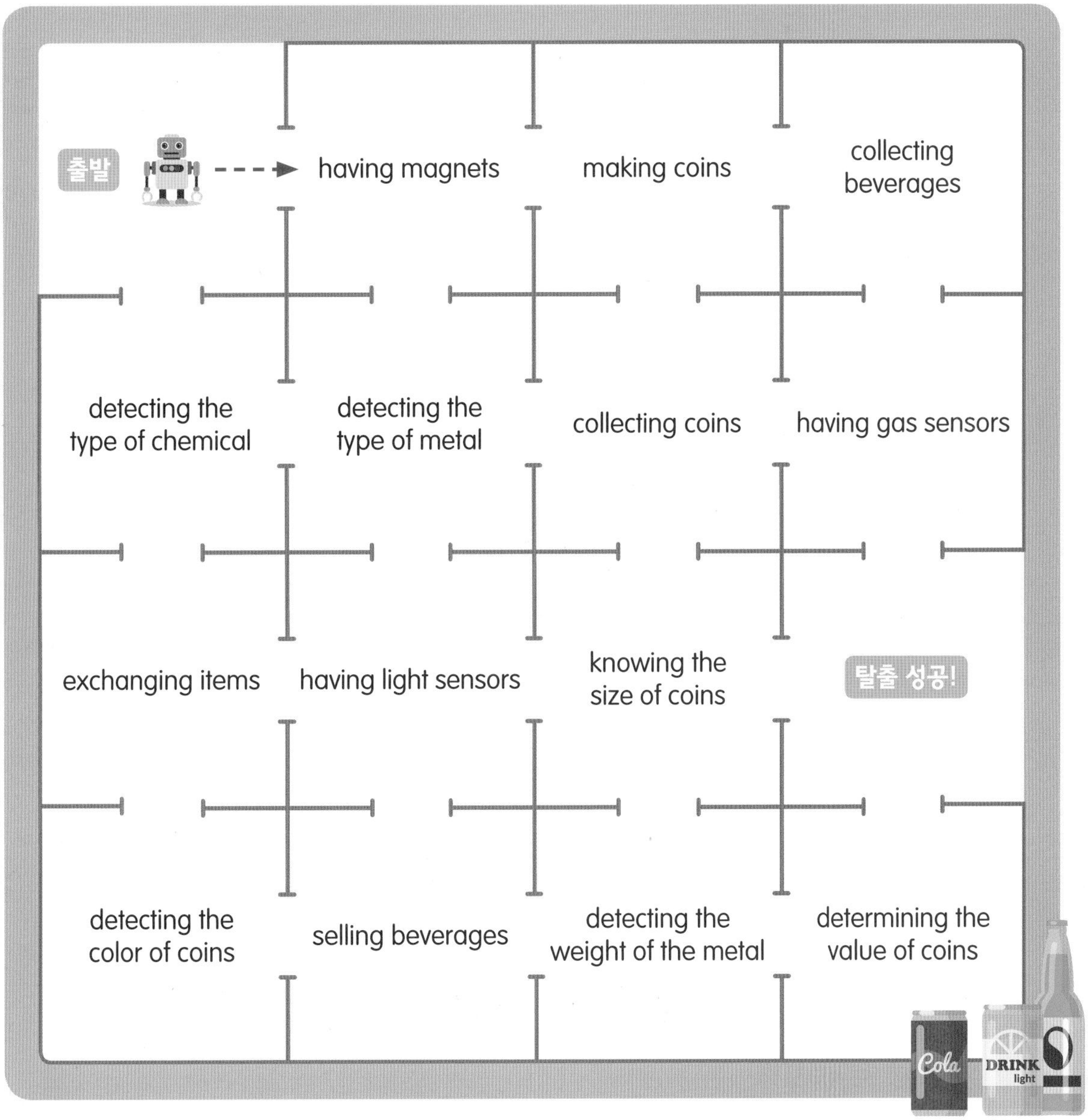

UNIT 03 미술

Q Do you know about Andy Warhol? Yes ☐ No ☐

Andy Warhol: Art and Money

Subject Words QR코드를 이용하여 단어를 듣고 따라 읽어보세요.

More Words QR코드를 이용하여 단어와 예문을 듣고 따라 읽어보세요.

It costs twenty dollars.

These students wear everyday clothes.

There are some objects on the table.

The boy collects bottles.

This pattern is unique.

She is a popular artist.

Vocabulary Check

Subject Words 그림과 뜻을 보고 알맞은 단어를 쓰세요.

1 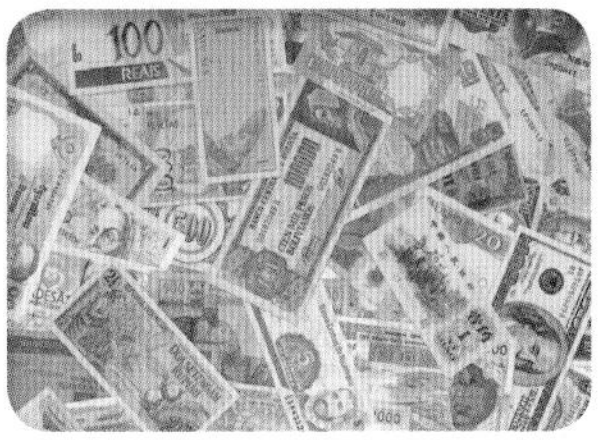

지폐

____

2 

예술가

____

3 

달러

____

4 

예술품

____

5 

그림; 사진

____

More Words 우리말에 맞는 문장이 되도록 알맞은 단어를 고르세요.

1 그것은 20달러입니다. It sells / costs twenty dollars.

2 그 소년은 병을 모읍니다. The boy collects bottles / cans .

3 이 학생들은 일상복을 입고 있습니다. These students wear day / everyday clothes.

4 이 무늬는 독특합니다. This pattern is unique / smart .

5 그녀는 인기 있는 예술가입니다. She is a popular / famous artist.

6 탁자에 몇몇의 물건들이 있습니다. There are some magnets / objects on the table.

지문을 듣고
따라 읽어보세요.

영상을 감상한 후
읽으면 이해가 쏙쏙!

ART

Andy Warhol: Art and Money

There is a picture of a one dollar bill.

Does it cost a dollar? No.

It sold for 32.8 million dollars!

This is because it's a very famous picture.

The picture is *One Dollar Bill* by Andy Warhol.

앤디 워홀

앤디 워홀 <1달러 지폐>

Key Grammar 전치사 of

There is a picture of a one dollar bill. 1달러 지폐 한 장의 그림이 있습니다.

명사 앞에서 다른 명사와의 관계를 나타내는 말을 '전치사'라고 합니다. 전치사 'of'는 '~의'라는 뜻으로, 어떤 사람이나 사물에 속하거나 그것과 관련된 것을 나타낼 때 씁니다.

예 We saw a picture of Mina. 우리는 Mina의 사진을 보았습니다.
The paintings of Monet are famous. 모네의 그림들은 유명합니다.

Warhol was a famous artist from America.

He loved money.

So he used money in his artwork.

He used everyday objects too.

He painted pictures of bottles and cans.

His artwork was unique.

He became very popular.

And he made a lot of money too!

무엇이든지 예술이 될 수 있어!

유명한 영화배우 마릴린 먼로의 얼굴이 여러 색깔로 인쇄된 그림이나, 수프 캔을 여러 개 반복해서 그린 그림을 본 적 있나요? 모두 앤디 워홀의 작품이에요. 앤디 워홀은 그뿐만 아니라 콜라병, 달러 지폐 등 사람들에게 친근한 소재로 다양한 작품을 만들었어요. 그는 어렵고 지루할 수도 있는 예술을 많은 사람들이 더 쉽게 즐길 수 있도록 만들어 주었답니다.

Comprehension Check

1 다음 질문의 답으로 가장 적절한 것을 골라 보세요.

ⓐ 이 글의 주제는 무엇인가요?

① the most famous artist

② the value of a dollar bill

③ an artist and his artwork

ⓑ 앤디 워홀(Andy Warhol)의 작품 <1달러 지폐>의 가격은 얼마인가요?

① 1 dollar ② 10 thousand dollars ③ 32.8 million dollars

ⓒ 앤디 워홀(Andy Warhol)에 관한 설명으로 알맞지 않은 것은 무엇인가요?

① He loved money.

② He painted bottles and cans.

③ He only used unique objects.

2 다음 문장을 읽고 맞으면 T, 틀리면 F에 표시하세요.

① Andy Warhol was an artist from France. T : F

② Andy Warhol painted everyday objects. T : F

③ Andy Warhol's artwork was unique. T : F

3 다음 질문에 알맞은 답이 되도록 빈칸에 들어갈 말을 본문에서 찾아 써보세요.

Q Why did Andy Warhol use money in his artwork?

A It was because he ______________ ______________.

QR 찍고 힌트 보기

Brain Power

흥미로운 미션을 풀고
코딩을 위한 사고력도 길러보세요!

절차적 사고력 원통 안에 구슬들이 들어있습니다. 각 구슬에는 알파벳이 적혀있고, 각 알파벳에는 점수가 정해져 있어요. ①~③번의 점수 합계를 보고, 물음표에 어떤 구슬들이 들어갈지 맞혀보세요. 그리고 그 구슬들로 단어를 만들고 뜻도 함께 써보세요.

점수표

A	1
C	2
I	3
K	4
O	5
R	6
S	7
T	8
W	9

① ? R ? ? ? ? 점수 합계 : 33점

→ 단어: ____________ 뜻: ____________

② ? ? ? ? ? ? K 점수 합계 : 39점

→ 단어: ____________ 뜻: ____________

③ ? O ? ? 점수 합계 : 22점

→ 단어: ____________ 뜻: ____________

UNIT 04 수학 +−×÷

How Can I Pay?

Subject Words QR코드를 이용하여 단어를 듣고 따라 읽어보세요.

More Words QR코드를 이용하여 단어와 예문을 듣고 따라 읽어보세요.

There is no money in my wallet.

He works at a convenience store.

Let's buy some snacks.

The total cost is 15 dollars.

The price of each item is different.

You can help people in many ways.

Vocabulary Check

Subject Words 그림과 뜻을 보고 알맞은 단어를 쓰세요.

1. 

지불하다

____

2. 

사다

____

3. 

점원

____

4. 

계산하다

____

More Words 우리말에 맞는 문장이 되도록 알맞은 단어를 고르세요.

1. 총 비용은 15달러입니다. — The total / tall cost is 15 dollars.
2. 우리 간식을 좀 삽시다. — Let's buy some snakes / snacks .
3. 각 물건의 가격은 다릅니다. — The rice / price of each item is different.
4. 그는 편의점에서 일합니다. — He works at a jewelry store / convenience store .
5. 내 지갑에는 돈이 없습니다. — There is no money in my artwork / wallet .
6. 당신은 여러 방법으로 사람들을 도울 수 있습니다. — You can help people in many ways / weights .

지문을 듣고
따라 읽어보세요.

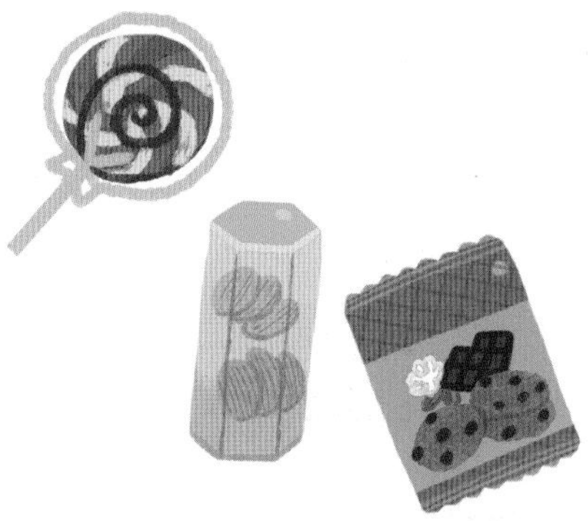

How Can I Pay?

Jenny has two 1,000-won bills in her wallet.

She also has twelve coins.

There are two 500-won coins and ten 100-won coins.

Jenny goes to a convenience store.

She buys some snacks.

The clerk calculates the cost.

The total price is 2,500 won.

Key Grammar 조동사 could

How could Jenny pay 2,500 won? Jenny는 2,500원을 어떻게 지불할 수 있을까요?

조동사 'could'는 '~할 수(도) 있습니다'라는 뜻으로, 가능성을 나타낼 때 씁니다. could 뒤에는 반드시 동사원형을 씁니다.

예 Jisu could be at home now. Jisu는 지금 집에 있을 수도 있습니다.
The baby could fall down. 아기가 넘어질 수도 있습니다.

How could Jenny pay 2,500 won?

She could pay with two 1,000-won bills and one 500-won coin.

Is there another way?

She could pay with one bill and seven coins.

The coins are two 500-won coins and five 100-won coins.

There are some other ways too.

Can you find them?

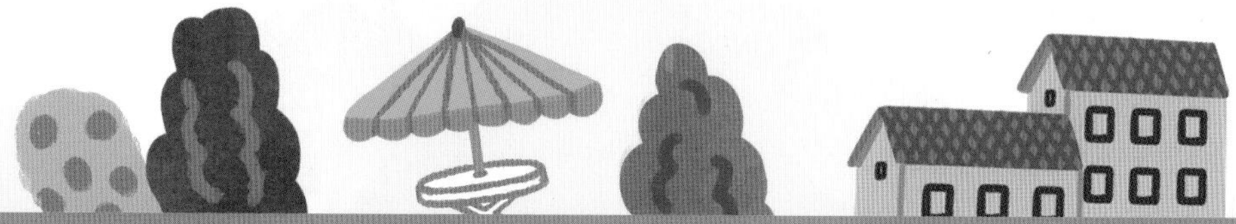

1998년도에 만들어진 500원짜리 동전 있는 사람?

우리가 쓰는 지폐와 동전은 어디에서 만들까요? 바로 한국은행이에요. 한국은행은 매년 지폐와 동전을 만들어요. 500원 동전은 매년 수천만 개씩 만들지만, 1998년에는 단 8천 개만 만들었어요. 희귀한 동전을 모으는 동전 수집가들은 8천 개밖에 없는 1998년산 500원 동전을 수십만 원에 사고판다고 합니다. 500원 동전 하나에 수십만 원이라니, 500원의 몇 배인 거죠?

Comprehension Check

1 다음 질문의 답으로 가장 적절한 것을 골라 보세요.

ⓐ 이 글의 주제는 무엇인가요?

① paying 2,500 won in different ways

② buying snacks at a convenience store

③ the difference between coins and bills

ⓑ Jenny는 총 몇 개의 100원짜리 동전을 가지고 있나요?

① two ② ten ③ twelve

ⓒ 다음 중 합이 2,500원이 되지 않는 것은 무엇인가요?

① two 1,000-won bills, one 500-won coin

② one 1,000-won bill, two 500-won coins, and five 100-won coins

③ one 1,000-won bill, five 500-won coins, and two 100-won coins

2 다음 문장을 읽고 맞으면 T, 틀리면 F에 표시하세요.

① Jenny has 4,000 won in total. T F

② Jenny has a total of twelve coins. T F

③ Jenny could pay the 2,500 won in only two ways. T F

3 다음 질문에 알맞은 답이 되도록 빈칸에 들어갈 말을 본문에서 찾아 써보세요.

Q What other ways could Jenny pay 2,500 won?

A ① She could pay with ________ 1,000-won bills and ________ 100-won coins.

② She could pay with one 1,000-won bill, one 500-won coin, and ________ 100-won coins.

QR 찍고 힌트 보기

Brain Power

흥미로운 미션을 풀고
코딩을 위한 사고력도 길러보세요!

문제 해결력 네 명의 친구들이 편의점에서 과자를 사려고 해요. 과자의 가격에 알맞게 돈을 낸 사람만 과자를 먹을 수 있어요. 과자를 먹지 못하는 친구를 찾고, 그 친구가 할 말로 알맞은 것을 골라보세요.

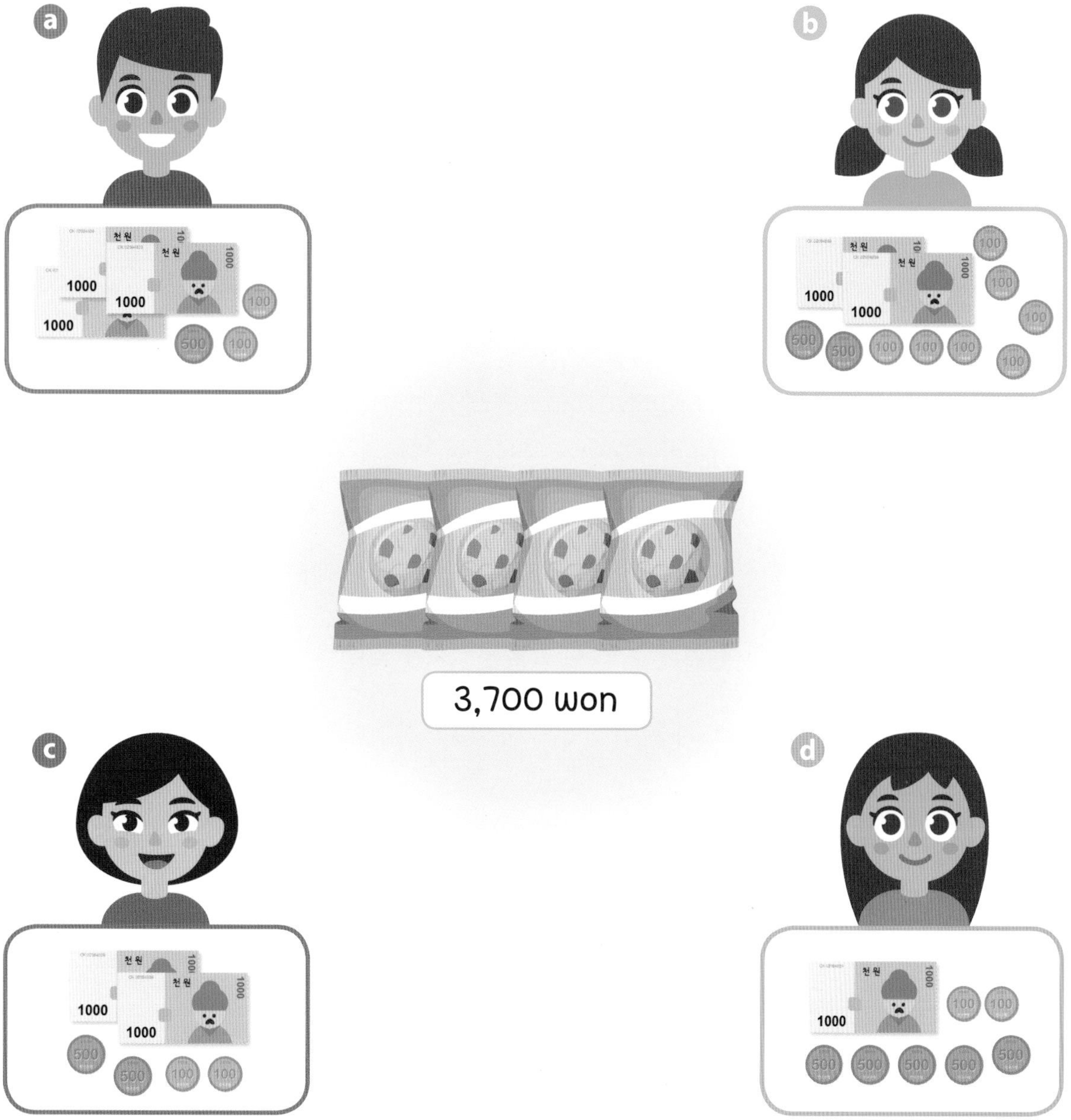

I need one more [bill / 500-won coin / 100-won coin] !

Wrap UP!

Unit 01 오늘날의 돈이 만들어지게 된 역사에 관하여 알맞은 설명이 되도록 보기 에서 알맞은 말을 골라 빈칸을 채우세요.

보기 rice melts metal exchanged salt value

The History of Money

People ___________ their items.

But the ___________ of each item was different.

People started using ___________ and ___________ as money.

But salt ___________ easily and the rice was too heavy.

People made money out of ___________!

기억이 안 난다면? 12쪽으로 이동하세요.

Unit 02 한 소년이 자판기에게 질문을 하고 있습니다. 각 질문에 대한 알맞은 답을 연결해보세요.

Q1. Can you determine the value of each coin? •

Q2. How do you measure the size of the coin? •

Q3. How do you detect the type of metal? •

• **A.** I use my light sensors.

• **A.** Yes. I have light sensors and magnets.

• **A.** I use my magnets.

기억이 안 난다면? 18쪽으로 이동하세요.

Unit 03 보기 에서 알맞은 말을 골라 앤디 워홀(Andy Warhol)을 소개하는 글을 완성하세요.

보기	artwork	unique	bottles	artist	everyday

Andy Warhol

- Andy Warhol was a famous ___________ from America.
- He loved money, so he used money in his ___________.
- He painted a picture of a dollar bill.
- He used other ___________ objects, like ___________ and cans.
- His artwork was ___________.

기억이 안 난다면? 24쪽으로 이동하세요.

Unit 04 그림에 맞는 단어가 되도록 연결하고 단어의 뜻을 써보세요.

1 

wal

2 

calc

3 

pr

4 

cl

5 

sn

ice	ack	ulate	let	erk
뜻: ________	뜻: ________	뜻: ________	뜻: ________	뜻: ________

기억이 안 난다면? 30쪽으로 이동하세요.

쉬어가기

다음 두 도형을 합쳤을 때 나오는 도형을 그려보세요.

❶

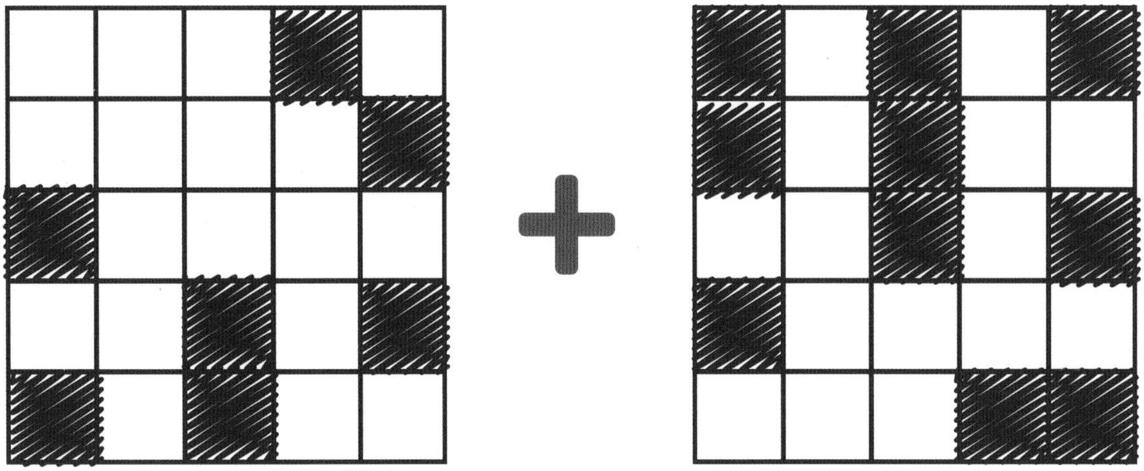

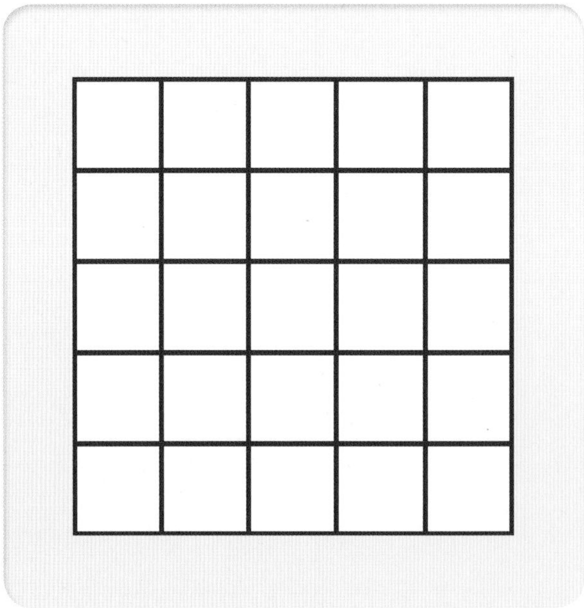

❷

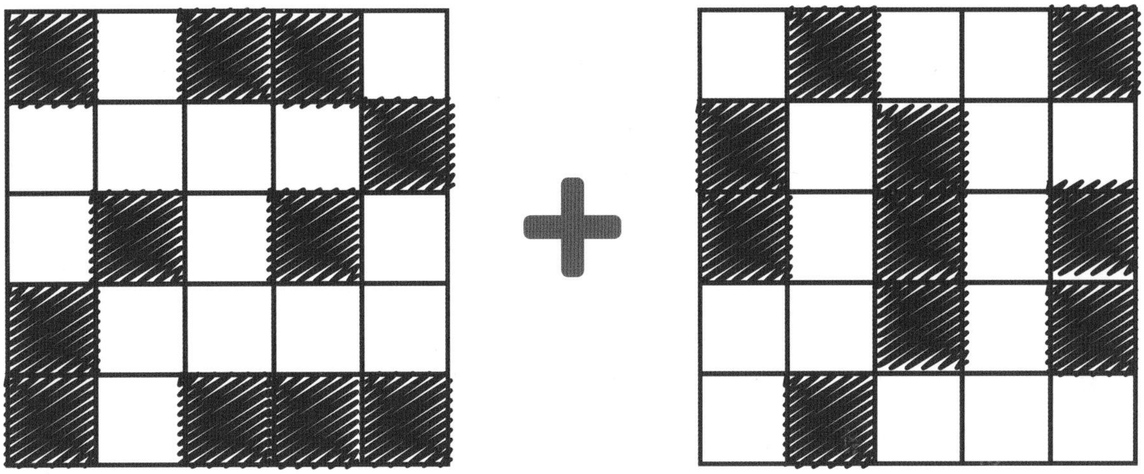

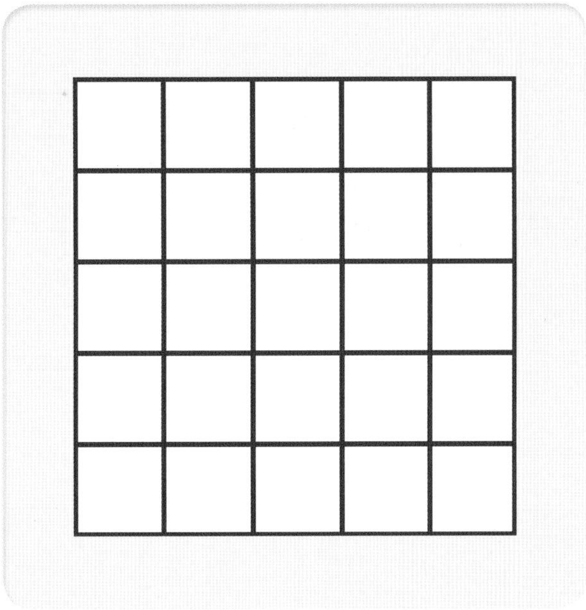

Chapter 2 Salt

한 사람이 평생에 걸쳐 13톤가량을 소비하는 암석은 무엇일까요? 바로 '소금'입니다. 물, 공기, 빛과 같이 사람이 살아가는 데 꼭 필요한 것들이 있는데 소금도 그중 하나예요. 우리는 지금 소금을 마트에서 쉽게 살 수 있지만, 과거에는 이러한 소금을 얻는 것이 어려워 귀하게 여겨졌답니다. 이번 Chapter에서 소금의 역사를 비롯한 다양한 소금 이야기를 배워 볼까요?

사회

UNIT 01

Salt, the White Gold

과학

UNIT 02

Does the Sea Freeze?

미술

UNIT 03

Huge Artwork Made of Salt

수학

UNIT 04

Which Seawater Is Saltier?

Chapter Q When do you eat salt?

Do you like salty food? Yes ☐ No ☐

UNIT 01 사회

Salt, the White Gold

Subject Words QR코드를 이용하여 단어를 듣고 따라 읽어보세요.

More Words QR코드를 이용하여 단어와 예문을 듣고 따라 읽어보세요.

The test was difficult.

He wants to be a soldier.

People pay taxes.

He is putting money into the machine.

Sunlight is necessary for plants.

This is the happiest time of my life.

Vocabulary Check

Subject Words 그림과 뜻을 보고 알맞은 단어를 쓰세요.

1 
과거
____

2 
오늘날
____

3 
희귀한
____

4 
흔한; 보통의
____

5 
귀중한
____

6 
(값이) 싼
____

7 
소금
____

More Words 우리말에 맞는 문장이 되도록 알맞은 단어를 고르세요.

1. 사람들은 세금을 냅니다. — People pay taxes / costs .
2. 그는 군인이 되기를 원합니다. — He wants to be a soldier / hunter .
3. 햇빛은 식물에게 필요합니다. — Sunlight is normal / necessary for plants.
4. 그 시험은 어려웠습니다. — The test was difficult / different .
5. 지금이 내 인생에서 가장 행복한 시간입니다. — This is the happiest time of my history / life .
6. 그는 기계에 돈을 넣고 있습니다. — He is putting money into the machine / wallet .

지문을 듣고
따라 읽어보세요.

Salt, the White Gold

In the past, salt was very rare.

People collected salt from seas and mountains.

It was difficult.

And it took a long time.

People couldn't get salt easily.

So salt was very valuable.

It was as valuable as gold!

Key Grammar as 형용사 as ~

Salt was as valuable as gold! 소금은 금만큼 귀중했습니다!

'as 형용사 as ~'는 '~만큼 (형용사)한'이라는 뜻으로, 두 비교 대상이 비슷할 때 쓰는 비교 표현이에요.

예 I am as tall as you. 나는 당신만큼 키가 큽니다.
Your dress is as unique as my dress. 당신의 드레스는 내 드레스만큼 독특합니다.

So people used salt as money.

In Rome, soldiers got paid in salt.

In France, people paid taxes with salt.

Today people collect salt with machines.

It is easier and faster than before.

Salt is common and cheap now.

But it is still as necessary as water in our lives.

Salary(봉급)의 어원이 Salt(소금)?

'급여', '봉급'이라는 의미의 영어 단어는 Salary예요. 그런데 이 단어가 소금을 뜻하는 Salt라는 단어에서 파생되었다는 사실 알고 있나요? 이야기에서도 나왔듯이 로마제국 시절 병사들은 봉급을 소금으로 받았어요. 당시 소금은 귀했기에 화폐의 역할을 했었죠. 때문에 Salt라는 단어에서 라틴어인 Salarium(봉급)이라는 단어가 파생되었고, 오늘날 영어로 '급여', '봉급'의 의미인 Salary가 탄생한 것이랍니다.

Comprehension Check

1 다음 질문의 답으로 가장 적절한 것을 골라 보세요.

ⓐ 이 글의 주제는 무엇인가요?

① how to get salt from the sea

② the difference between salt and gold

③ the value of salt in the past and today

ⓑ 과거에 군인이 봉급으로 소금을 받았던 나라는 어디인가요?

① Rome ② France ③ China

ⓒ 과거에 소금을 얻었던 방식으로 알맞지 않은 것은 무엇인가요?

① People got salt from the sea.

② Collecting salt was difficult but fast.

③ People collected salt from mountains.

2 다음 문장을 읽고 맞으면 T, 틀리면 F에 표시하세요.

① Some people paid taxes with salt in the past. T : F

② Today salt is still very rare and valuable. T : F

③ Salt is as necessary as water in our lives. T : F

3 다음 질문에 알맞은 답이 되도록 빈칸에 들어갈 말을 본문에서 찾아 써보세요.

Q Why did people use salt as money in the past?

A It was because salt was very ________ and as valuable as ________.

QR 찍고 힌트 보기

Brain Power

흥미로운 미션을 풀고 코딩을 위한 사고력도 길러보세요!

논리적 사고력 세 명의 친구들이 단어 맞히기 게임을 하고 있습니다. 연습 게임을 참고하여 나머지 단어를 맞히고, 두 단어를 이용하여 아래 말풍선을 알맞게 채워보세요.

연습 게임

4글자의 단어야.
a와 t 사이에는 s가 있어.
a의 양 옆에 p와 s가 있어.

정답은 [과거] 라는 뜻의 [past] 야!

a

c로 시작하고 p로 끝나.
h의 양 옆에는 c와 e가 있어.
a의 양 옆에는 e와 p가 있어.

정답은 [ ] (이)라는 뜻의 [ ][ ][ ][ ][ ] (이)야!

b

v와 l 사이에는 a가 있어.
u의 양 옆에는 l과 a가 있어.
e로 끝나는 단어야.
b는 a와 l 사이에 있어.

정답은 [ ] (이)라는 뜻의 [ ][ ][ ][ ][ ][ ][ ][ ] (이)야!

In the past ...

Salt was [ ].

Today ...

Salt is [ ].

Q Have you seen a frozen sea? Yes ☐ No ☐

UNIT 02 과학

Does the Sea Freeze?

Subject Words QR코드를 이용하여 단어를 듣고 따라 읽어보세요.

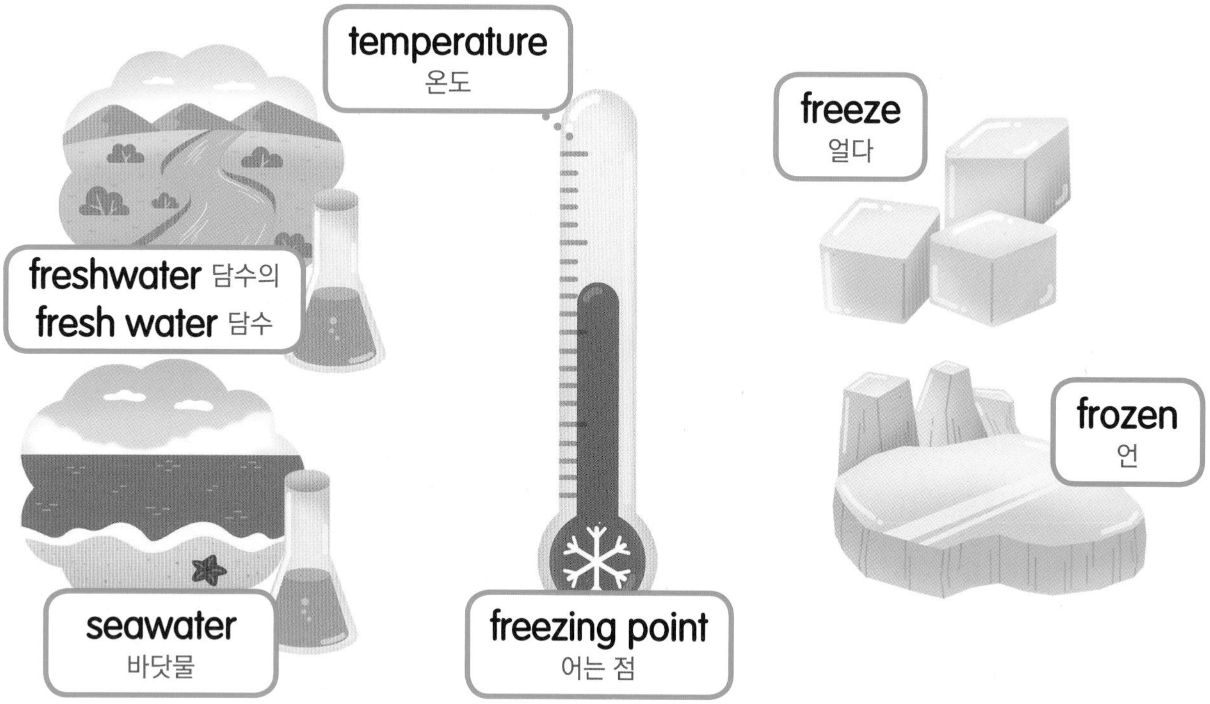

More Words QR코드를 이용하여 단어와 예문을 듣고 따라 읽어보세요.

There is a large lake in the mountains.

Jenny goes skating with Joe.

A girl is riding a bike.

The kids are riding a sled.

Something happened in the video.

Please lower the temperature.

Vocabulary Check

Subject Words 그림과 뜻을 보고 알맞은 단어를 쓰세요.

1 

얼다

____

2 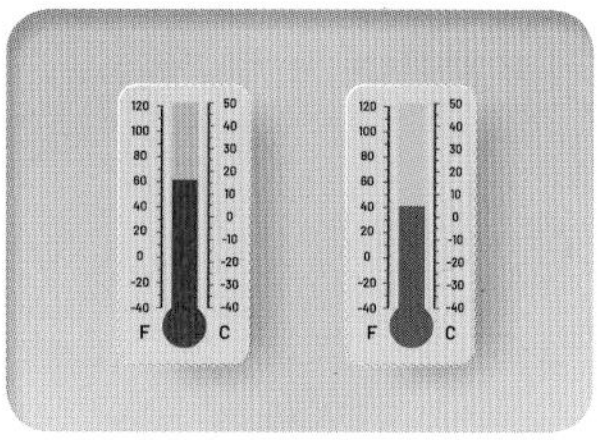

온도

____

3 

언

____

4 

바닷물

____

5 

담수

____

6 

어는 점

____

More Words 우리말에 맞는 문장이 되도록 알맞은 단어를 고르세요.

1 한 소녀가 자전거를 타고 있습니다. — A girl is riding / falling a bike.

2 온도를 낮춰주세요. — Please raise / lower the temperature.

3 그 영상 안에서 무슨 일이 발생했습니다. — Something happened / detected in the video.

4 그 아이들은 썰매를 타고 있습니다. — The kids are riding a bike / sled .

5 산속에 큰 호수가 있습니다. — There is a large lake / pond in the mountains.

6 Jenny는 Joe와 스케이트를 타러 갑니다. — Jenny goes skating / painting with Joe.

지문을 듣고
따라 읽어보세요.

Does the Sea Freeze?

Rivers freeze in winter.

Lakes and ponds also freeze in winter.

So we go skating or ride sleds on the frozen lakes.

What about the sea?

The sea can also freeze.

But it doesn't happen often.

Key Grammar 부사 also

Lakes and ponds also freeze in winter. 겨울에는 호수와 연못 또한 업니다.

'also'는 '또한', '게다가'라는 뜻의 부사로, 동사의 앞이나 be동사, can과 같은 조동사 뒤에 씁니다.

예 I like apples. I also like oranges. 나는 사과를 좋아합니다. 나는 또한 오렌지도 좋아합니다.
I can play the piano. I can also play the violin. 나는 피아노를 칠 수 있습니다. 나는 또한 바이올린도 켤수 있습니다.

Most rivers are freshwater.

Fresh water freezes at 0°C.

But seawater is different.

It freezes at a lower temperature, -2°C.

That's because seawater has salt in it.

Salt lowers the freezing point of seawater.

라면 조리법에 숨겨진 과학

담수와 소금물은 어는점이 다르듯이, 끓는점도 다르답니다. 담수가 100°C에서 끓기 시작하는 반면, 소금물은 더 높은 온도에서 끓기 시작한대요. 우리는 라면을 끓일 때 이런 점을 활용할 수 있는데요. 물이 끓기 전 라면 스프를 먼저 넣으면, 라면 스프 속 염분 때문에 물만 끓일 때보다 더 높은 온도에서 끓기 시작해요. 라면은 높은 온도에서 끓일수록 쫄깃해지니, 더 쫄깃한 라면을 먹을 수 있답니다!

Comprehension Check

1 **다음 질문의 답으로 가장 적절한 것을 골라 보세요.**

ⓐ 이 글의 주제는 무엇인가요?

① popular winter sports

② why fresh water freezes at a lower temperature

③ the difference between fresh water and seawater

ⓑ 다음 중 담수가 아닌 것은 무엇인가요?

① river ② lake ③ sea

ⓒ 바닷물에 관한 설명으로 알맞은 것은 무엇인가요?

① Seawater freezes at 0°C.

② Salt lowers the freezing point of seawater.

③ Rivers, lakes, and ponds are close to seawater.

2 **다음 문장을 읽고 맞으면 T, 틀리면 F에 표시하세요.**

① Lakes freeze in winter.	T : F
② Seawater has salt in it.	T : F
③ Fresh water freezes at 2°C.	T : F

3 **다음 질문에 알맞은 답이 되도록 빈칸에 들어갈 말을 본문에서 찾아 써보세요.**

Q Why does seawater freeze at -2°C?

A Seawater has ____________ in it. And it lowers the ____________ point of seawater.

QR 찍고 힌트 보기

Brain Power

흥미로운 미션을 풀고 코딩을 위한 사고력도 길러보세요!

1 추상화 사고력 알파벳 표의 정중앙에 찍힌 점을 기준으로 노란색 모양을 180도 시계방향으로 돌려보세요. 그때 노란색 모양이 가리는 알파벳들로 단어를 만들고, 뜻도 써보세요.

o	d	s	q	r	a	f	e
y	r	t	p	k	f	z	i
x	a	u	o	l	r	q	n
w	e	v	n	o	d	o	g
q	z	k	f	e	h	r	b
t	s	r	i	g	e	r	w
l	p	j	k	i	k	z	h
b	h	c	d	u	f	j	e

단어:

뜻:

2 문제 해결력 올바른 정보가 적힌 방만 통과할 수 있는 로봇이 있습니다. 로봇이 출구를 찾아간 경로를 알맞게 그려보세요.

Go!	Rivers freeze in winter.	The sea always freezes in winter.	Seawater has salt in it.
The sea can't freeze.	We can ride sleds on a frozen lake in winter.	We can get fresh water from rivers.	Seawater freezes at 0°C.
Lakes and ponds don't freeze in winter.	Fresh water freezes at 2°C.	Salt lowers the freezing point of seawater.	Finish!

UNIT 03 미술

Huge Artwork Made of Salt

Subject Words QR코드를 이용하여 단어를 듣고 따라 읽어보세요.

More Words QR코드를 이용하여 단어와 예문을 듣고 따라 읽어보세요.

The castle is on top of a mountain.

They will sleep at the hotel.

Dolphins swim in the deep sea.

The six dolls are different heights.

The statue is so amazing.

We often visit our grandparents.

Vocabulary Check

Subject Words 그림과 뜻을 보고 알맞은 단어를 쓰세요.

1 

광산

____

2 

조각상

____

3 

교회

____

4 

조각품

____

5 

조각가

____

6 

광부

____

More Words 우리말에 맞는 문장이 되도록 알맞은 단어를 고르세요.

1 그 조각상은 정말 놀랍습니다. The statue is so amazing / famous .

2 돌고래는 깊은 바다에서 헤엄칩니다. Dolphins swim in the deep / long sea.

3 여섯 개의 인형들은 높이가 다릅니다. The six dolls are different weights / heights .

4 그들은 그 호텔에서 잘 것입니다. They will sleep at the hotel / church .

5 그 성은 산 꼭대기에 있습니다. The castle / kingdom is on top of a mountain.

6 우리는 우리의 조부모님 댁에 자주 방문합니다. We often call / visit our grandparents.

지문을 듣고
따라 읽어보세요.

Huge Artwork Made of Salt

What do you think this place is?

A castle? A hotel?

No. It's an old salt mine in Poland.

비엘리치카 소금광산의 내부

The mine is really huge.

It is 327 meters deep.

It is as deep as the height of the Eiffel Tower.

It even has a small lake.

Key Grammar 부사 even

The mine even has a small lake. 그 광산은 심지어 작은 연못도 가지고 있습니다.

'even'은 '심지어 ~도[조차]'라는 뜻으로, 예상 밖이거나 놀라운 일을 표현할 때 쓰는 부사입니다.

예 I even cleaned my brother's room. 나는 심지어 남동생의 방도 청소했습니다.
He didn't even go to school. 그는 심지어 학교에 가지도 않았습니다.

We can see sculptures, statues, and a big church there.

All of them are made of salt.

Now guess who made them. Artists? Sculptors?

No. They were salt miners!

Isn't it amazing?

This salt mine is very famous.

Many people visit it even now.

소금은 바다에서만 날까?

우리는 소금을 어디에서 얻을까요? 흔히 바다를 떠올리지만, 사실 많은 나라들은 소금을 돌에서 얻고 있어요. 먼 옛날 바다였다가 물이 빠지면서 육지가 된 곳에는 소금이 굳어 돌이 되었는데, 이것을 '암염'이라고 해요. 소금광산에서 암염을 캐낸 후 갈면 소금 알갱이를 얻을 수 있답니다. 바다와 접하지 않은 내륙 국가들은 이러한 방법으로 소금을 얻고 있어요.

Comprehension Check

1 다음 질문의 답으로 가장 적절한 것을 골라 보세요.

ⓐ 이 글의 주제는 무엇인가요?

① the salt from a salt mine

② an old salt mine in Poland

③ the height of the Eiffel Tower

ⓑ 다음 중 폴란드의 소금광산에서 볼 수 없는 것은 무엇인가요?

① a church ② sculptures ③ a castle

ⓒ 폴란드의 소금광산에 관한 설명으로 알맞지 않은 것은 무엇인가요?

① The salt mine is really huge.

② The salt mine is not famous.

③ There is a small lake in the salt mine.

2 다음 문장을 읽고 맞으면 T, 틀리면 F에 표시하세요.

① The salt mine became a hotel.	T : F
② Famous artists made statues in the salt mine.	T : F
③ The salt mine is as deep as the height of the Eiffel Tower.	T : F

3 다음 질문에 알맞은 답이 되도록 빈칸에 들어갈 말을 본문에서 찾아 써보세요.

Q Who made the sculptures, the statues, and the big church in the salt mine?

A ____________ ____________ made them.

QR 찍고 힌트 보기

Brain Power

흥미로운 미션을 풀고
코딩을 위한 사고력도 길러보세요!

1 논리적 사고력

힌트 를 참고하여 주어진 직사각형을 모양과 크기가 같도록 둘로 나눠 보세요.

힌트

	sculptor			
			miner	

그림과 그림을 나타내는 단어를
함께 묶을 수 없어요.

				miner
		castle		
statue				visit

2 절차적 사고력

소금광산 벽에 암호문이 써 있습니다. 이미 해독한 암호문을 참고하여 풀지 못한 나머지 암호문을 해독해 보세요.

∩	U	∩	∞	≡	‖	∫	⊇	⊥	π	U	∬	∫	⊇	U
W	E	W	O	R	K	I	N	T	H	E	M	I	N	E

∩	U	∬	~	‖	U	⊙	∵	⊆	⌒	▽	⊥	⊆	≡	U	⊙
W	E	M	A	K	E	S	C	U	L	P	T	U	R	E	S

∩	U	~	≡	U	⊙	~	⌒	⊥	∬	∫	⊇	U	≡	⊙

UNIT 04 수학 + − × ÷

Q Have you tasted seawater? Yes ☐ No ☐

Which Seawater Is Saltier?

Subject Words QR코드를 이용하여 단어를 듣고 따라 읽어보세요.

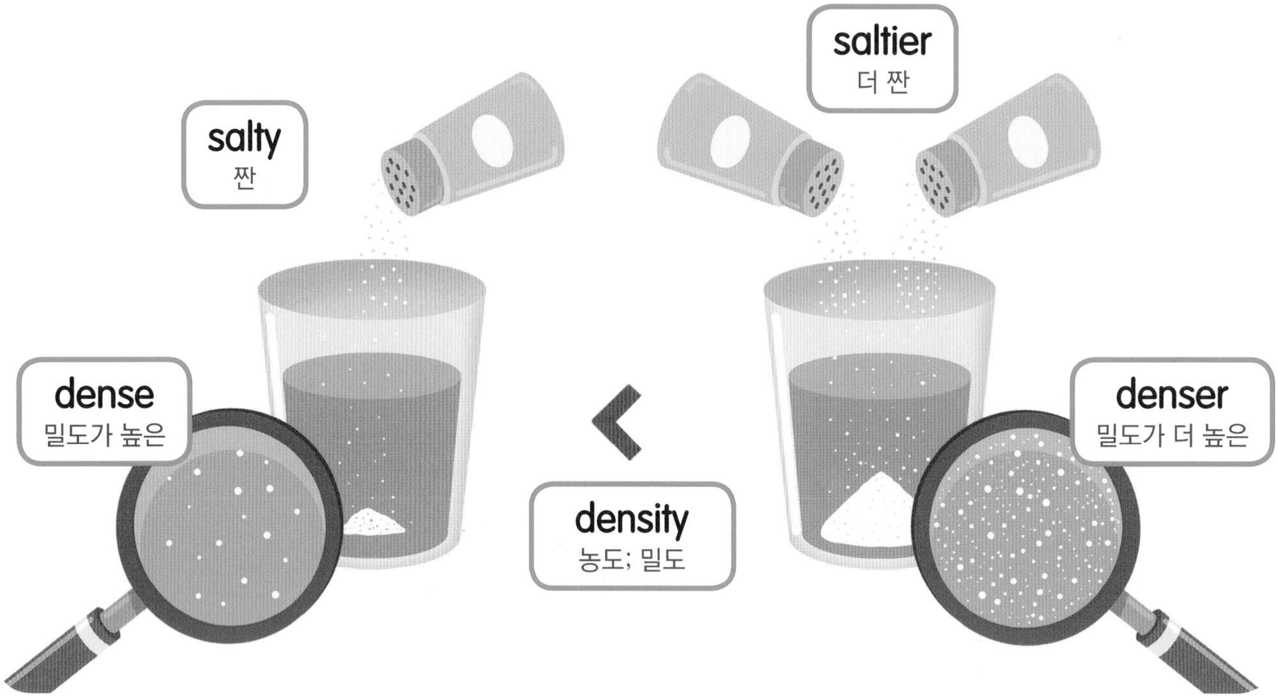

More Words QR코드를 이용하여 단어와 예문을 듣고 따라 읽어보세요.

Here is a candy for you.

A cup is on the table.

People are eating food samples.

The percentage of girls is high.

He is checking the amount of money.

It contains a lot of sugar.

Vocabulary Check

Subject Words 그림과 뜻을 보고 알맞은 단어를 쓰세요.

1 

짠

____

2 

농도; 밀도

____

3 

더 짠

____

4 

밀도가 높은

____

5 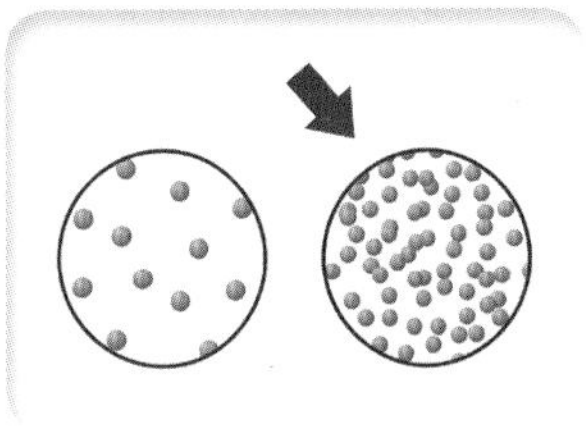

밀도가 더 높은

____

More Words 우리말에 맞는 문장이 되도록 알맞은 단어를 고르세요.

1 탁자 위에 컵 하나가 있습니다. A cup / can is on the table.

2 여기 당신을 위한 사탕 한 개가 있습니다. Here / There is a candy for you.

3 그것은 많은 설탕이 들어 있습니다. It connects / contains a lot of sugar.

4 그는 돈의 양을 확인하고 있습니다. He is checking / detecting the amount of money.

5 여자 아이들의 비율이 높습니다. The percentage / temperature of girls is high.

6 사람들이 샘플(시식용) 음식을 먹고 있습니다. People are eating food samples / snacks .

지문을 듣고 따라 읽어보세요.

Which Seawater Is Saltier?

Here are two cups of seawater.

They are two different seawater samples.

Which one is saltier?

The percentage of salt in seawater determines seawater's density.

Let's check the densities of the seawater in each cup.

Key Grammar 의문형용사 which

Which seawater is saltier? 어느 소금물이 더 짠가요?

'which'는 '어느 ~' 라는 뜻으로, 의문문에서 뒤에 있는 명사를 꾸며주는 의문형용사입니다.

예 Which way is the church? 교회가 어느 방향인가요?
Which season do you like? 당신은 어느 계절을 좋아하나요?

Cup A has 200 grams of seawater.

It contains 6 grams of salt.

Then 100 grams of seawater has

3 grams of salt.

So the density is 3%.

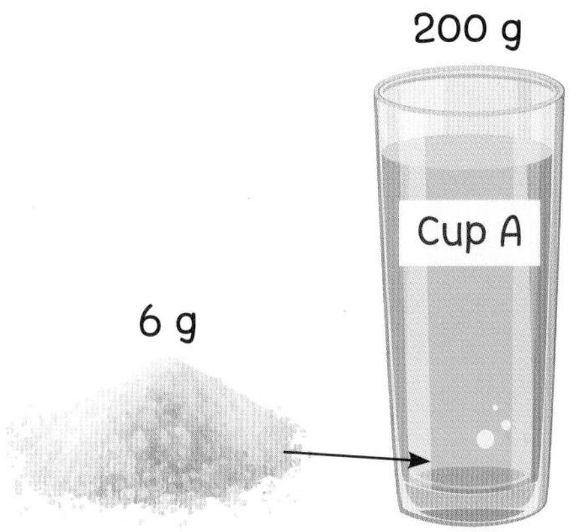

Cup B has 50 grams of seawater.

It contains 4 grams of salt.

Then 100 grams of seawater has

8 grams of salt.

So the density is 8%.

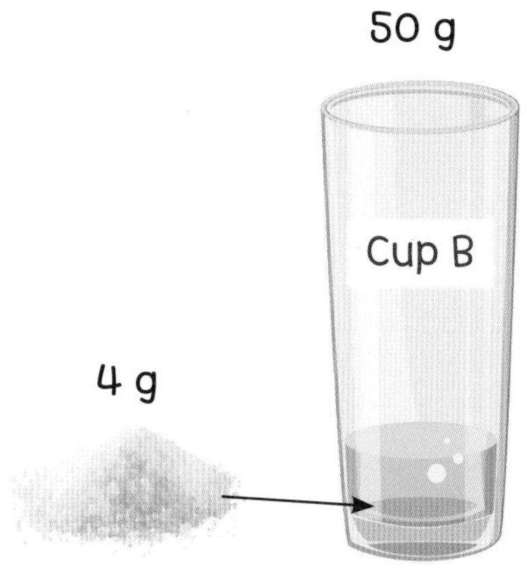

Which one is saltier?

The seawater in cup B is denser than the seawater in cup A.

So the seawater in cup B is saltier!

수영을 못해도 물 위를 둥둥!

이스라엘과 요르단에는 '사해'라는 소금호수가 있어요. 수영을 못해도 이곳에서는 걱정할 필요가 없어요. 누구나 쉽게 물에 뜰 수 있거든요. 이는 사해의 높은 소금 농도 때문이에요. 사해 100 g에는 30 g의 소금이 녹아 있어요. 보통 바닷물 100 g에 5 g의 소금이 녹아 있다고 하니, 사해의 소금 농도는 일반 바닷물의 6배가 되는 거예요! 이렇게 높은 바닷속 염분이 우리 몸을 둥둥 뜨게 해 준답니다.

Comprehension Check

1 다음 질문의 답으로 가장 적절한 것을 골라 보세요.

ⓐ 이 글의 주제는 무엇인가요?

① the saltiest sea in the world

② how to make seawater with salt

③ the density of two different seawater samples

ⓑ 다음 중 컵 A에 들어있는 내용물과 관련 <u>없는</u> 것은 무엇인가요?

① 6 grams of salt ② 200 grams of seawater ③ 8% of density

ⓒ 바닷물이 담긴 컵 A와 컵 B에 대한 설명으로 알맞은 것은 무엇인가요?

① Cup A contains saltier seawater.

② Cup B contains denser seawater.

③ Cup B contains more salt than cup A.

2 다음 문장을 읽고 맞으면 T, 틀리면 F에 표시하세요.

① The seawater in cup A contains 4 grams of salt.	T : F
② The percentage of water in seawater determines its density.	T : F
③ The density of the seawater in cup B is higher than that of the seawater in cup A.	T : F

3 다음 질문에 알맞은 답이 되도록 빈칸에 들어갈 말을 본문에서 찾아 써보세요.

Q What does the percentage of salt in seawater determine?

A It determines the ______________ of seawater.

Brain Power

QR 찍고 힌트 보기

흥미로운 미션을 풀고
코딩을 위한 사고력도 길러보세요!

1 논리적 사고력 자물쇠를 열기 위해서는 두 개의 암호를 풀어야만 합니다. 단서 를 참고하여 암호를 풀고, 빈칸도 모두 채워보세요.

단서

자음	t, r, s, l	4, 7, 1, 3	암호: saltier
모음	i, e, a	5, 6, 2	뜻: 더 짠

❶

자음	n, t, c, n	7, 4, 1, 3	암호: ______
모음	o, a, i	2, 5 ,6	뜻: ______

❷

자음	s, d, y, n, t	☐, ☐, ☐, ☐, ☐	암호: ______
모음	i, e	☐, ☐	뜻: ______

2 문제 해결력 두 친구의 컵에 있는 소금물의 농도를 구하려고 합니다. 각 소금물의 농도를 구하여 빈칸에 알맞은 친구의 이름을 써보세요.

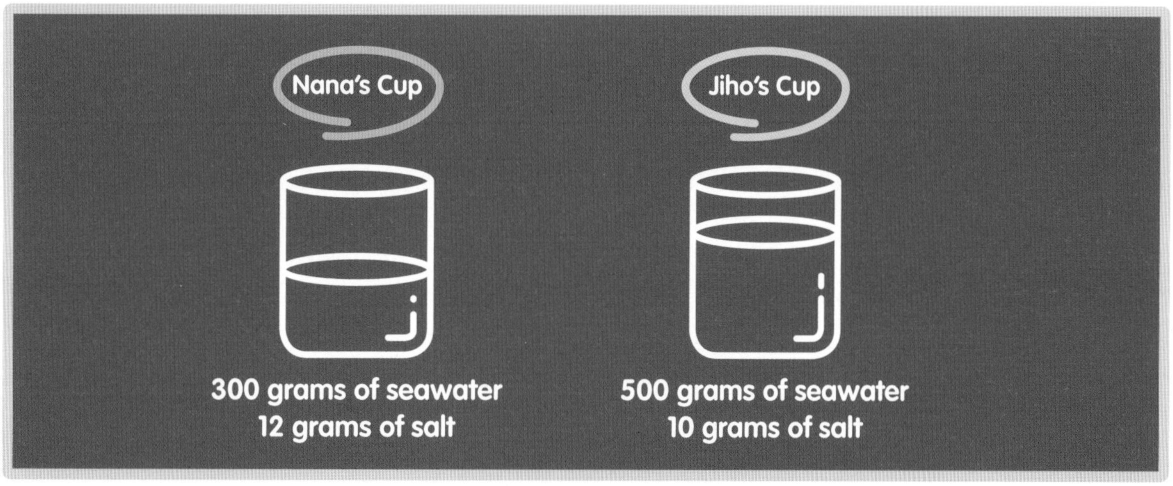

The seawater in ______'s cup is **denser** than the seawater in ______'s cup.
So the seawater in ______'s cup is **saltier**!

Wrap UP!

Unit 01 과거와 현재의 소금의 특징으로 알맞은 것을 골라 각 빈칸에 알맞은 번호를 모두 써보세요.

① as valuable as gold

② collected by machines

③ very rare

④ collected by hand

⑤ common and cheap

Past	

Today	

기억이 안 난다면? 42쪽으로 이동하세요.

Unit 02 담수와 바닷물에 관한 알맞은 설명이 되도록 보기 에서 알맞은 말을 골라 빈칸을 완성하세요.

보기	seawater	fresh water	lowers	lakes

• rivers, ____________, and ponds • freezes at 0˚C	• freezes at about -2˚C

Why are they different?

It's because the salt in seawater ____________ the freezing point.

기억이 안 난다면? 48쪽으로 이동하세요.

Unit 03 보기 에서 알맞은 말을 골라 빈칸을 완성하세요.

보기	height	miners	lake	huge

An Old Salt Mine in Poland...

- really ________
- as deep as the ________ of the Eiffel Tower
- has a small ________
- has sculptures, statues, and a big church made by salt ________

기억이 안 난다면? 54쪽으로 이동하세요.

Unit 04 보기 에서 알맞은 숫자 또는 단어를 골라 바닷물의 농도에 관한 실험일지를 완성하세요.

보기	saltier	8	denser	3	density

Which seawater is saltier?

	Cup A 	Cup B 
seawater	200 grams	50 grams
salt	6 grams	4 grams
	________ %	________ %

The seawater in cup B is ________ and ________ than the seawater in cup A.

기억이 안 난다면? 60쪽으로 이동하세요.

쉬어가기

물음표에 들어갈 모양으로 알맞은 것을 골라보세요.

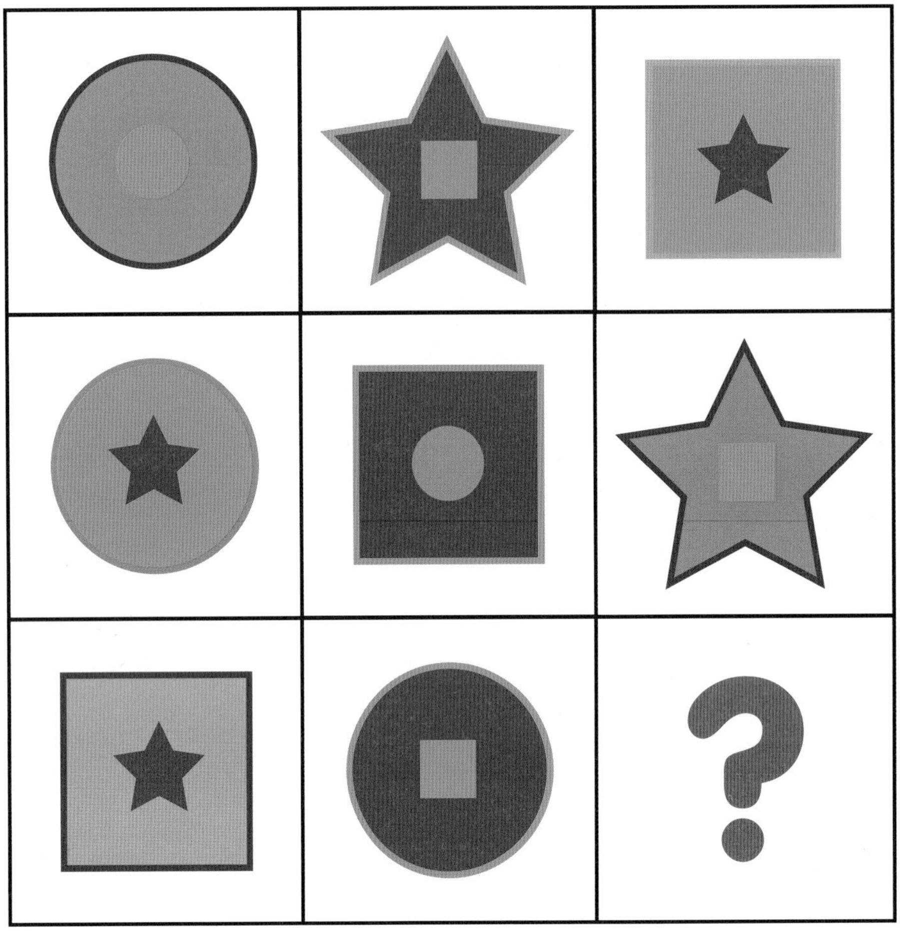

❶

❷

❸

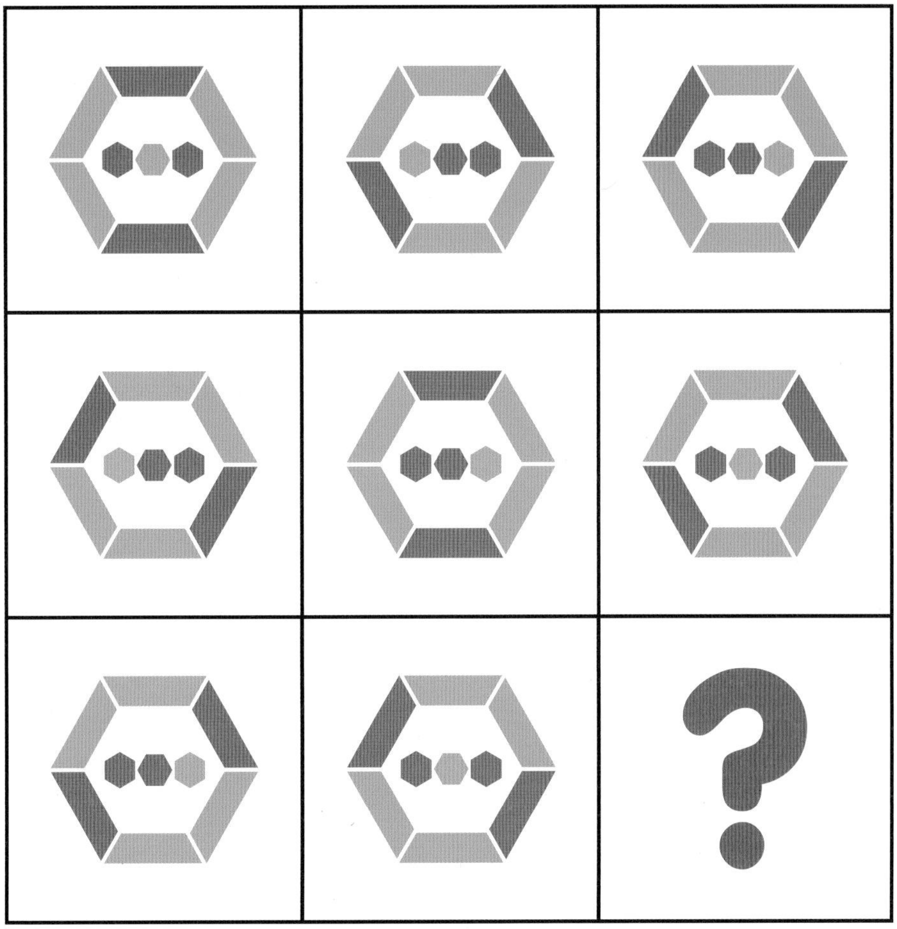

1

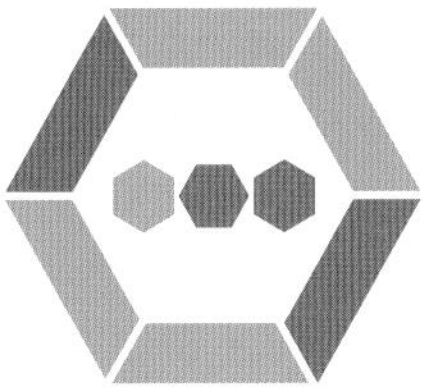

2

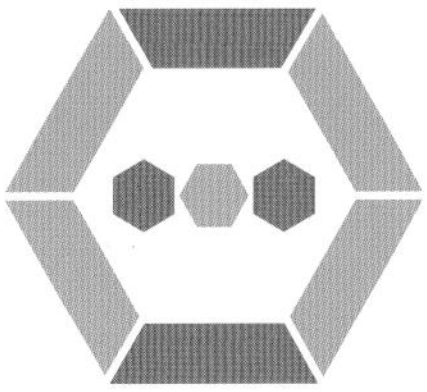

3

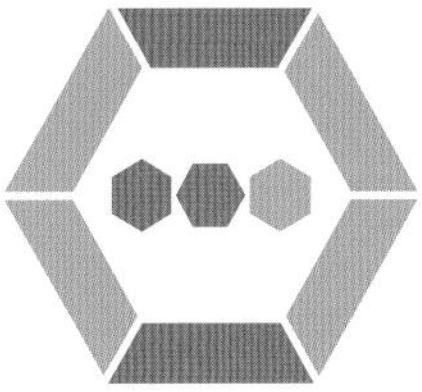

4

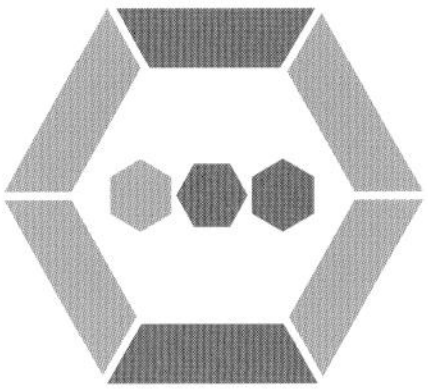

5

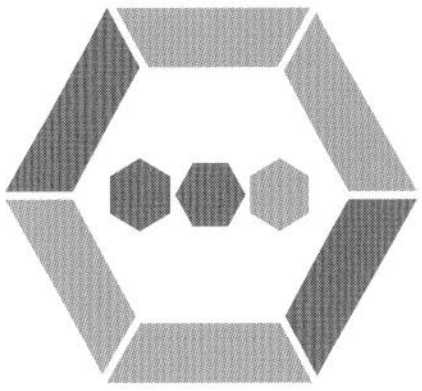

Chapter 3

Environment

지구 온난화, 미세먼지, 산성비... 모두 무엇과 관계된 현상들일까요? 바로 환경입니다. 인구가 늘어나고 산업이 발달하면서 발생하는 오염 물질들로 인해 환경은 매일 조금씩 더 병들고 있어요. 이런 환경 오염을 막기 위해 우리들은 어떤 노력을 하고 있는지 이번 Chapter에서 알아볼까요?

사회

UNIT 01

Cars for the Environment

과학

UNIT 02

Plastic Island

미술

UNIT 03

Green Buildings in Cities

실과

UNIT 04

Special Farming with Ducks

Chapter Q What can we do for the environment?

Q What is a hybrid car?

UNIT 01 사회

Cars for the Environment

Subject Words QR코드를 이용하여 단어를 듣고 따라 읽어보세요.

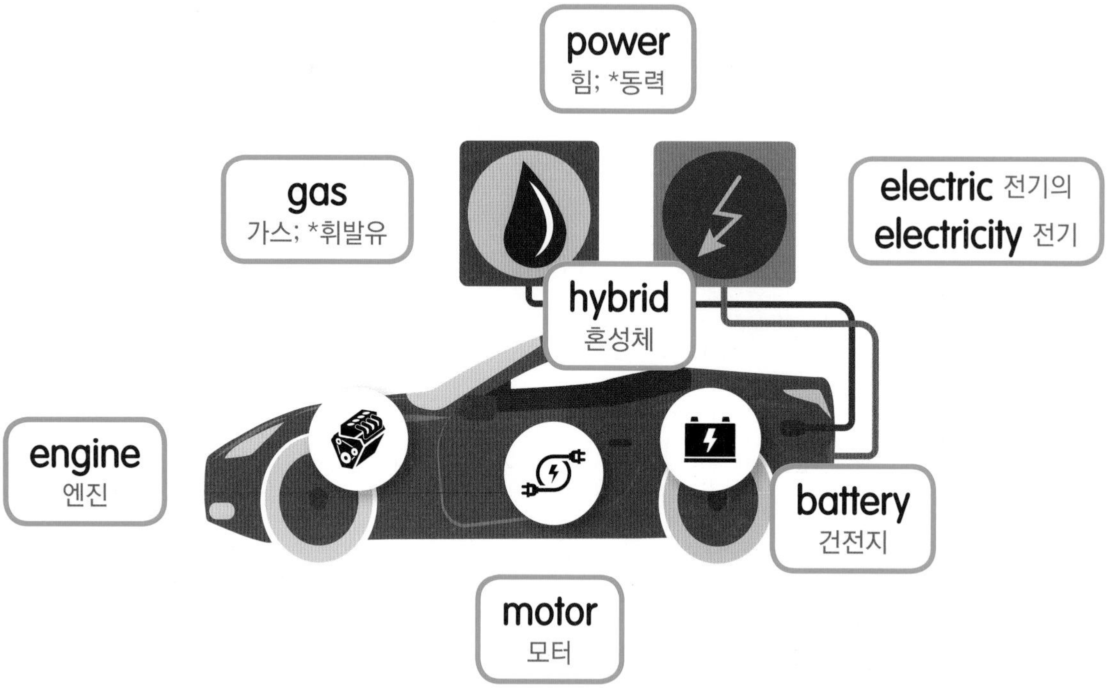

More Words QR코드를 이용하여 단어와 예문을 듣고 따라 읽어보세요.

I like regular popcorn.

We should protect our environment.

I have to charge my phone.

She can't sleep because of the noise.

You should be quiet in the library.

There are many color combinations.

Vocabulary Check

Subject Words 그림과 뜻을 보고 알맞은 단어를 쓰세요.

1 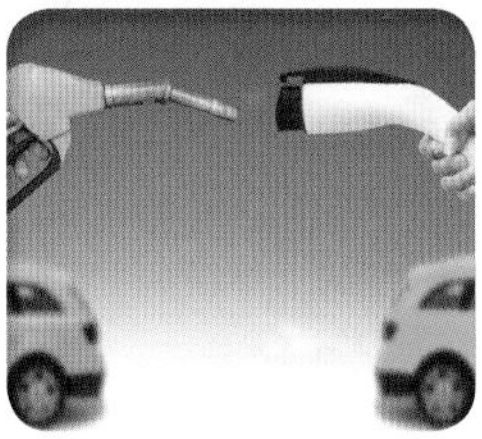

혼성체

______

2 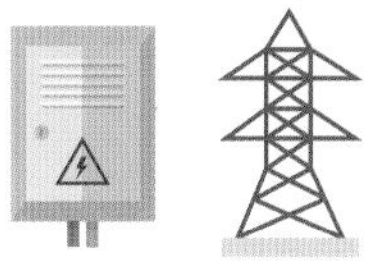

전기의

______

3 

가스; *휘발유

______

4 

엔진

______

5 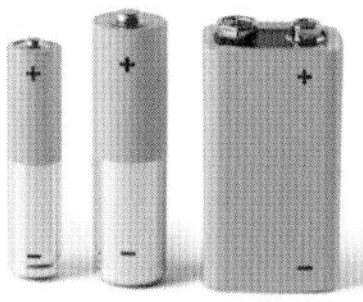

건전지

______

6 

전기

______

7 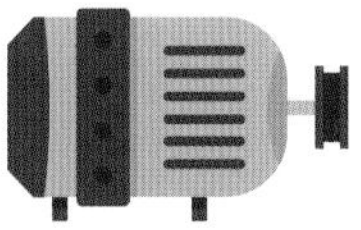

모터

______

8 

힘; *동력

______

More Words 우리말에 맞는 문장이 되도록 알맞은 단어를 고르세요.

1 나는 내 전화기를 충전해야 합니다. I have to change / charge my phone.

2 나는 보통의 팝콘을 좋아합니다. I like regular / rare popcorn.

3 그녀는 소음 때문에 잘 수 없습니다. She can't sleep because of the noise / smell .

4 많은 색 조합들이 있습니다. There are many color constellations / combinations .

5 당신은 도서관에서 조용히 해야 합니다. You should be quiet / smart in the library.

6 우리는 우리의 환경을 보호해야 합니다. We should protect our environment / government .

지문을 듣고
따라 읽어보세요.

Cars for the Environment

Most cars only use gas.

But these two cars are different.

They use less gas than regular cars.

So they are better for our environment.

Key Grammar both A and B

The car has both an engine and an electric motor.
그 자동차는 엔진과 전기 모터를 둘 다 가지고 있습니다.

'A와 B 둘 다'는 영어로 'both A and B'라고 표현할 수 있어요. 이때, and 앞뒤에 있는 A와 B는 같은 품사의 단어를 써야 합니다.

예 I like both math and science. 나는 수학과 과학 둘 다 좋아합니다.
Both his mom and dad are teachers. 그의 엄마와 아빠 두 분 다 선생님입니다.

This is an electric car.

It doesn't need gas.

Instead, it uses electricity for power.

You charge the battery in the car, and it moves.

This car doesn't make much noise.

It is very quiet.

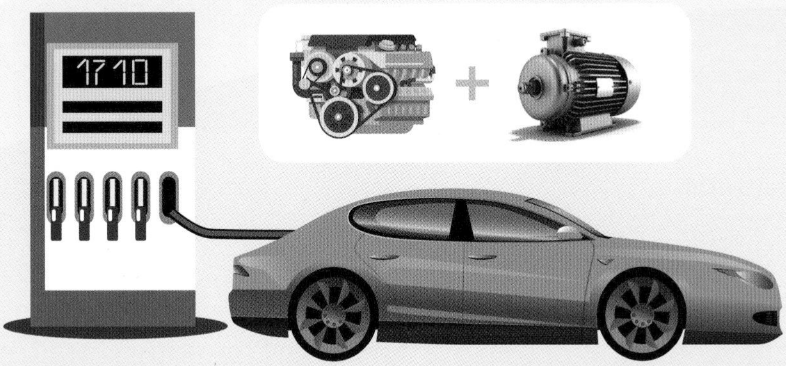

This is a hybrid car.

Hybrid means "a combination of two different things."

It has both an engine and an electric motor.

So it uses both gas and electricity.

Which one do you like better?

하이브리드 자동차를 타고 부릉부릉~

하이브리드(hybrid)는 서로 다른 두 가지를 합친다는 의미예요. 하이브리드 자동차(hybrid car)는 석유 등의 연료와 전기를 동시에 사용하는 자동차를 말합니다. 연료를 사용하는 엔진과, 배터리로부터 전원을 공급받는 전기 모터가 함께 자동차를 달리게 하지요. 하이브리드 자동차는 연비가 높아 경제적이며, 일반 자동차에 비해 배기가스 배출량이 적어 환경 보호에도 도움이 된답니다.

Comprehension Check

1 다음 질문의 답으로 가장 적절한 것을 골라 보세요.

ⓐ 이 글의 주제는 무엇인가요?

① the combination of gas and electricity

② the noise from two different regular cars

③ two types of cars that are better for the environment

ⓑ 전기 자동차의 특징으로 알맞지 않은 것은 무엇인가요?

① making noise ② using electricity for power

③ charging the battery in the car

ⓒ 하이브리드 자동차에 관한 설명으로 알맞은 것은 무엇인가요?

① It doesn't need gas. ② It is very quiet.

③ It has an electric motor.

2 다음 문장을 읽고 맞으면 T, 틀리면 F에 표시하세요.

① An electric car uses gas for power. T : F

② A hybrid car uses both gas and electricity. T : F

③ A hybrid car is better for the environment than a regular car. T : F

3 다음 질문에 알맞은 답이 되도록 빈칸에 들어갈 말을 본문에서 찾아 써보세요.

Q What does *hybrid* mean?

A It means "a ______________ of two different things."

QR 찍고 힌트 보기

Brain Power

흥미로운 미션을 풀고
코딩을 위한 사고력도 길러보세요!

문제 해결력 **빨간 원에서 출발한 친환경 자동차가 파란 원까지 규칙 을 따라 지나갈 때, 총 걸리는 시간을 빈칸에 써보세요.**

규칙

1. 알맞은 설명이 쓰여진 지점만 지나갈 수 있습니다.
2. 가로 한 칸을 지날 때는 3분이 걸립니다.
3. 세로 한 칸을 지날 때는 2분이 걸립니다.

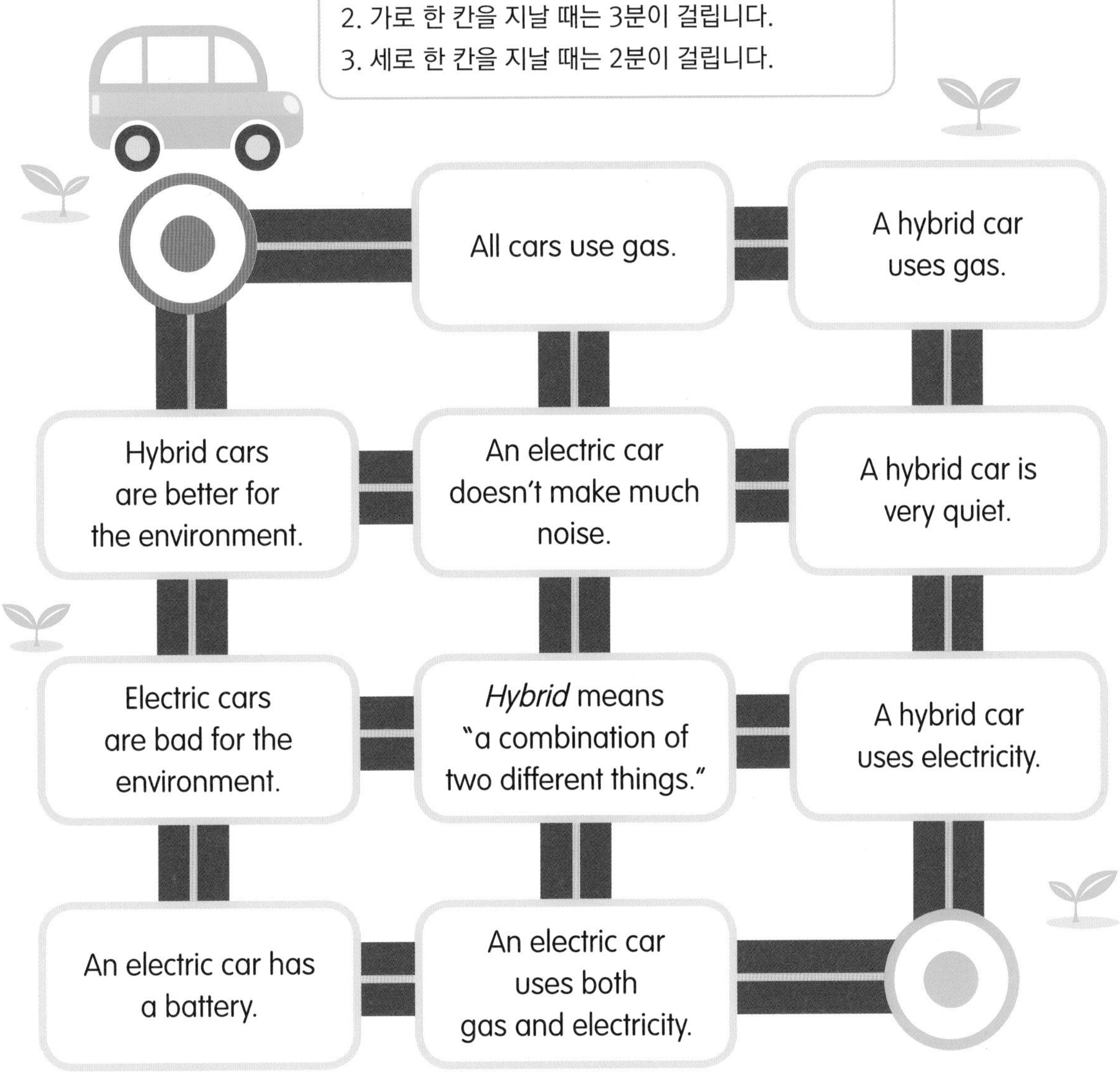

➔ It takes ______ minutes.

UNIT 02 과학

Q Do you use plastic every day? Yes ☐ No ☐

Plastic Island

Subject Words QR코드를 이용하여 단어를 듣고 따라 읽어보세요.

More Words QR코드를 이용하여 단어와 예문을 듣고 따라 읽어보세요.

There is an island in the ocean.

She is carrying boxes into the house.

Kitchens are dangerous for babies.

The gas is toxic.

The plants died.

Too much sunlight is harmful to our skin.

Vocabulary Check

Subject Words 그림과 뜻을 보고 알맞은 단어를 쓰세요.

1 

더미

____

2 

쓰레기

____

3 

바다

____

4 

흐름, *해류

____

5 

플라스틱

____

More Words 우리말에 맞는 문장이 되도록 알맞은 단어를 고르세요.

1 그 가스는 유독합니다. The gas is toxic / dense .

2 식물들이 죽었습니다. The plants died / melted .

3 바다에 섬이 하나 있습니다. There is a(n) land / island in the ocean.

4 부엌은 아기들에게 위험합니다. Kitchens are difficult / dangerous for babies.

5 그녀는 상자들을 집으로 운반하고 있습니다. She is carrying / counting boxes into the house.

6 너무 많은 햇빛은 우리 피부에 해롭습니다. Too much sunlight is helpful / harmful to our skin.

지문을 듣고
따라 읽어보세요.

Plastic Island

We use plastic a lot.

But where does it go after we use it?

There is a huge area of waste in the *Pacific Ocean.

It looks like an island.

So we call it "Plastic Island."

*Pacific Ocean 태평양

Key Grammar become + 비교급

The pile of waste is becoming bigger. 그 쓰레기 더미는 더 커지고 있습니다.

become은 '~가 됩니다'라는 뜻의 동사예요. become 다음에 비교급을 쓰게 되면 '더 ~한 상태가 됩니다'라는 의미를 나타냅니다.

예 Salt became cheaper. 소금은 값이 더 싸졌습니다.
He is becoming more popular. 그는 더 유명해지고 있습니다.

The waste comes from land.

Currents carry the waste into the middle of the ocean.

The pile of waste is becoming bigger.

And it is becoming more dangerous.

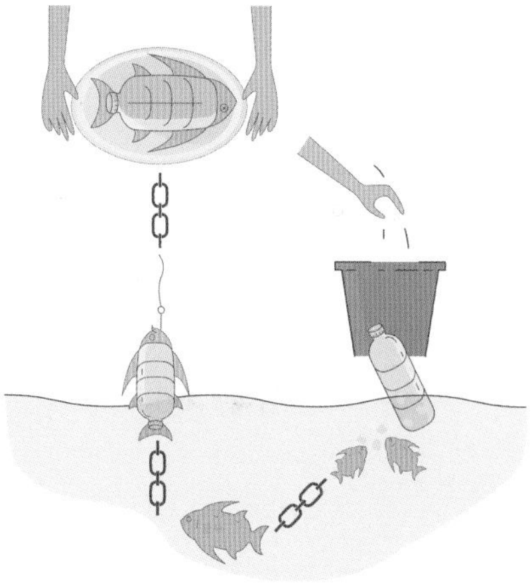

The pile is dangerous for sea animals.

Most of the plastic waste is toxic.

Sea animals can eat it and die.

It is also dangerous for us.

Many fish eat the plastic.

And we could eat these fish with harmful chemicals!

죽은 고래의 배 속에 무엇이 있었을까?

스페인 남쪽 해변에서 길이 10 m, 무게 6000 kg이 넘는 거대한 고래 한 마리가 죽은 채 발견되었어요. 이 고래의 배 속에 무엇이 있었을까요? 바로 비닐봉지, 그물, 병뚜껑 같은 플라스틱 쓰레기였어요. 그것도 29 kg이나요! 이 고래뿐만이 아니라 수많은 바다 동물들이 플라스틱 쓰레기를 먹이로 착각하고 먹고 죽거나, 그것에 걸려 상처를 입는다고 해요. 우리가 버린 쓰레기로 많은 바다 생물들이 죽어 가고 있답니다.

Comprehension Check

1 다음 질문의 답으로 가장 적절한 것을 골라 보세요.

ⓐ 이 글의 주제는 무엇인가요?

① how to recycle plastic
② harmful chemicals in fish
③ the dangerous pile of waste

ⓑ 플라스틱 섬을 이루는 쓰레기들은 주로 어디에서 오나요?

① rivers ② land ③ oceans

ⓒ 플라스틱 섬에 관한 설명으로 알맞지 않은 것은 무엇인가요?

① It is becoming smaller.
② It is in the Pacific Ocean.
③ It is a huge area of waste.

2 다음 문장을 읽고 맞으면 T, 틀리면 F에 표시하세요.

① Currents carry the waste into the middle of ocean.	T : F
② The plastic island is not dangerous for us.	T : F
③ Many fish could eat the plastic in the ocean.	T : F

3 다음 질문에 알맞은 답이 되도록 빈칸에 들어갈 말을 본문에서 찾아 써보세요.

Q Why is the plastic island dangerous for sea animals?
A It is because most of the plastic waste is ______________, and sea animals can ______________ it.

QR 찍고 힌트 보기

Brain Power

흥미로운 미션을 풀고 코딩을 위한 사고력도 길러보세요!

1 절차적 사고력

미로를 빠져나오려면 제시된 단서를 따라야 합니다. 출발 지점에서 도착 지점까지 미로를 탈출하고 완성된 단어와 그 뜻을 써보세요.

단서: 칸을 한 번씩만 지나면서 알파벳을 순서대로 연결했을 때 두 개의 단어가 나와야 함

ⓐ

출발	p	e	t	k
t	l	a	s	t
o	a	n	e	i
i	x	o	t	c
c	도착	d	e	o

단어: plastic (뜻: 플라스틱)

단어: ______ (뜻: ______)

ⓑ

i	도착	i	s	l
t	e	d	n	a
s	a	w	l	u
s	h	o	s	f
출발	h	a	r	m

단어: ______ (뜻: ______)

단어: ______ (뜻: ______)

2 문제 해결력

네 친구의 알파벳을 알맞은 순서로 배열하면 암호가 완성됩니다. 단서를 보고 알파벳을 배열하여 암호를 완성해 보세요.

단서: 플라스틱 쓰레기는 어떻게 생겨나고 어디로 갈까?

ⓐ  People eat the fish.

ⓑ  The plastic goes into the ocean.

ⓒ  People throw out the plastic.

ⓓ  Fish eat the plastic.

암호: □ → □ → □ → □

Q Do you know what a green building is? Yes ☐ No ☐

Green Buildings in Cities

Subject Words QR코드를 이용하여 단어를 듣고 따라 읽어보세요.

eco-friendly 환경친화적인
green 녹색의; 환경친화적인

save 절약하다

clean 깨끗하게 하다

summer 여름

winter 겨울

More Words QR코드를 이용하여 단어와 예문을 듣고 따라 읽어보세요.

We care about the earth.

The heat comes from the sun.

The wastewater goes into the river.

She is collecting rainwater in her hands.

A cat is on the roof.

My house is very warm.

Vocabulary Check

Subject Words 그림과 뜻을 보고 알맞은 단어를 쓰세요.

1 

녹색의; 환경친화적인

____

2 

환경친화적인

____

3 

깨끗하게 하다

____

4 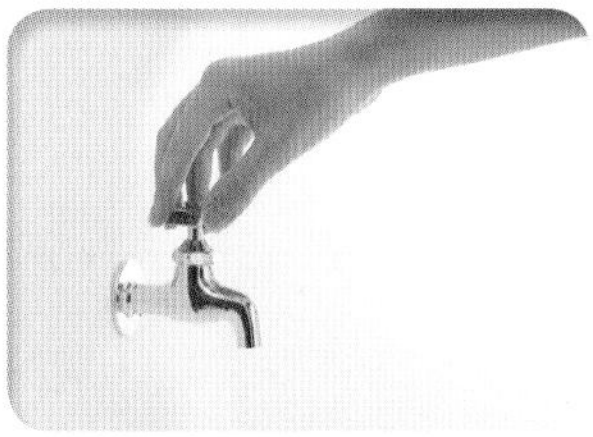

절약하다

____

5 

여름

____

6 

겨울

____

More Words 우리말에 맞는 문장이 되도록 알맞은 단어를 고르세요.

1. 고양이 한 마리가 지붕 위에 있습니다. A cat is on the roof / root .
2. 나의 집은 매우 따뜻합니다. My house is very warm / cool .
3. 열이 태양으로부터 옵니다. The gas / heat comes from the sun.
4. 우리는 지구에 관심을 가집니다. We care about / compete against the earth.
5. 그녀는 손에 빗물을 모으고 있습니다. She is collecting rainwater / wastewater in her hands.
6. 폐수가 강으로 들어갑니다. The rainwater / wastewater goes into the river.

지문을 듣고
따라 읽어보세요.

Green Buildings in Cities

There are many buildings around us.

And we still need more buildings.

We care about the environment.

So we build eco-friendly buildings now.

This building is located in the United States.

It gets heat from sunlight.

It uses wastewater and rainwater.

So it saves electricity and water.

Key Grammar be located in ~

This building is located in the United States. 이 건물은 미국에 (위치해) 있습니다.

'~에 (위치해) 있습니다'는 영어로 'be located in ~'이라고 표현할 수 있어요. be동사는 주어에 따라 am, are, is로 바꿔 써야 합니다.

예 The island is located in the Pacific Ocean. 그 섬은 태평양에 (위치해) 있습니다.
The mountains are located in Canada. 그 산들은 캐나다에 (위치해) 있습니다.

This building is located in Japan.

It has a very large, green roof.

Many plants grow on the roof.

They clean the air.

Thanks to this roof, the building is cool in summer.

And it's warm in winter.

So it saves energy.

Eco-friendly buildings save energy.

They are better for our environment!

환경을 생각하는 녹색 지붕

녹색 지붕(green roof)은 건물 옥상이나 옆면을 식물로 꾸민 것을 말해요. 이 녹색 지붕은 보기에도 아름다울 뿐만 아니라 건물의 열을 막아주는 역할을 하기도 하는데요. 식물들이 여름에는 뜨거운 햇빛을 반사해 실내 온도를 낮춰주고, 반대로 추운 겨울에는 열기를 잡아주어 실내 온도를 높여줘요. 이 녹색 지붕으로 냉난방 비용을 최대 60%까지 줄일 수 있다고 해요!

Comprehension Check

1 다음 질문의 답으로 가장 적절한 것을 골라 보세요.

ⓐ 이 글의 주제는 무엇인가요?

① how to save energy
② eco-friendly buildings
③ different plants on the roof

ⓑ 글에서 소개된 미국의 친환경 건물은 무엇으로부터 열을 얻나요?

① fire   ② gas   ③ the sun

ⓒ 글에서 소개된 일본의 친환경 건물에 대한 설명으로 알맞은 것은 무엇인가요?

① It uses wastewater.
② It has a large, green roof.
③ It is always cool in winter.

2 다음 문장을 읽고 맞으면 T, 틀리면 F에 표시하세요.

① We build eco-friendly buildings now. T : F
② The building in the United States uses rainwater. T : F
③ Plants on the green roof clean the air. T : F

3 다음 질문에 알맞은 답이 되도록 빈칸에 들어갈 말을 본문에서 찾아 써보세요.

Q Why are eco-friendly buildings better for the environment than regular buildings?

A It is because they ______________ energy.

QR 찍고 힌트 보기

Brain Power

흥미로운 미션을 풀고 코딩을 위한 사고력도 길러보세요!

1 추상화 사고력 **주어진 도형들을 두 개씩 조합해서 ⓑ~ⓒ를 채워보세요. 그리고 그 속에 있는 알파벳을 조합하여 단어를 만들고 그 뜻을 써보세요.** (단, 단어의 방향에 유의하세요.)

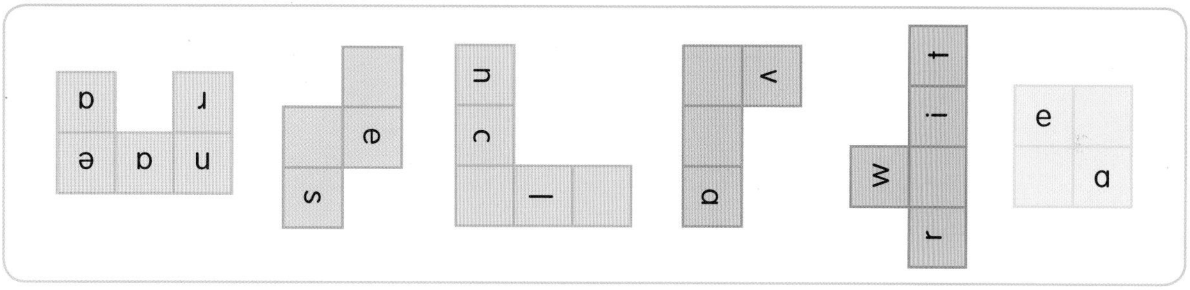

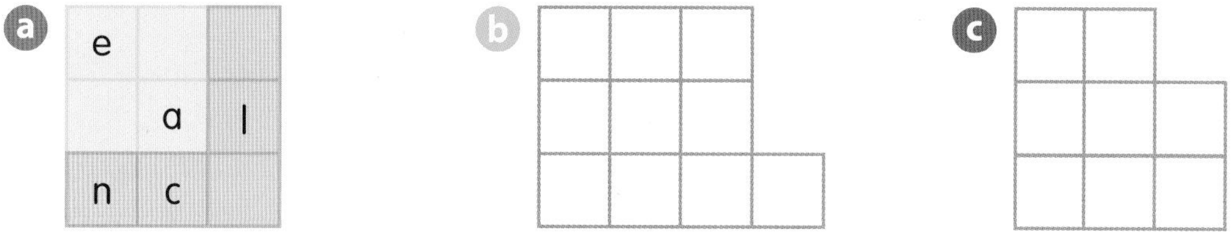

ⓐ 단어: clean
뜻: 깨끗하게 하다

ⓑ 단어: ____________
뜻: ____________

ⓒ 단어: ____________
뜻: ____________

2 문제 해결력 **친환경 건물에 들어가기 위해서는 그것과 관련된 정보만 따라가야 합니다. 출발 지점부터 도착 지점까지 알맞은 길을 표시해보세요.**

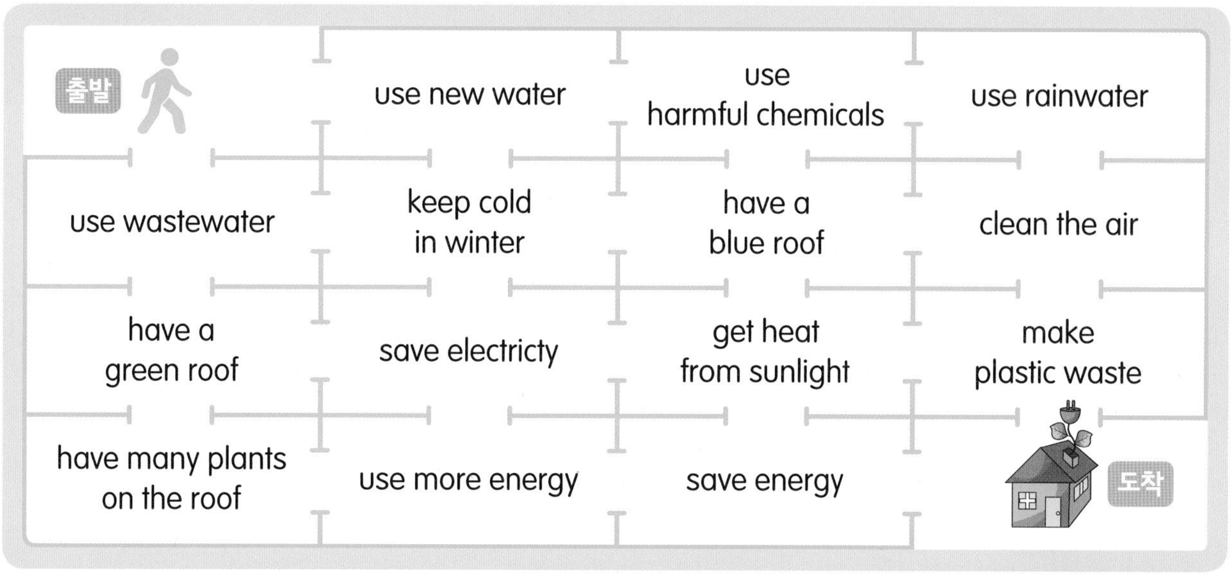

UNIT 04 실과

Q Can we grow rice with ducks?

Special Farming with Ducks

Subject Words QR코드를 이용하여 단어를 듣고 따라 읽어보세요.

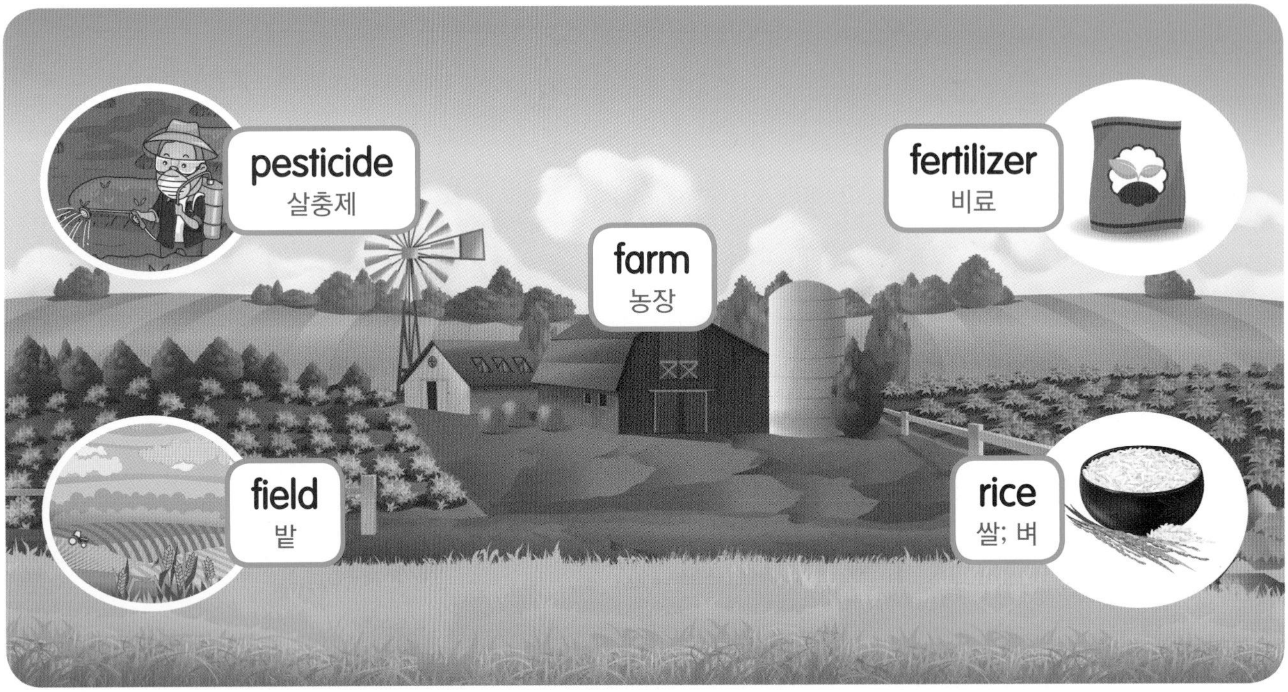

More Words QR코드를 이용하여 단어와 예문을 듣고 따라 읽어보세요.

Ducks are swimming.

I collected many insects.

He pulls wild plants from the ground.

Natural light comes through the window.

We harvest tomatoes in our garden.

I eat healthy food.

Vocabulary Check

Subject Words 그림과 뜻을 보고 알맞은 단어를 쓰세요.

1 

비료

____

2 

밭

____

3 

살충제

____

4 

쌀; 벼

____

5 

농장

____

More Words 우리말에 맞는 문장이 되도록 알맞은 단어를 고르세요.

1 나는 많은 곤충들을 채집했습니다. I collected many insects / objects .

2 나는 건강에 좋은 음식을 먹습니다. I eat salty / healthy food.

3 오리들이 헤엄치고 있습니다. Ducks / Eagles are swimming.

4 그는 땅에서 야생 식물을 뽑습니다. He pulls wild / rare plants from the ground.

5 우리는 정원에서 토마토를 수확합니다. We respect / harvest tomatoes in our garden.

6 창문을 통해서 자연의 빛이 들어옵니다. Natural / National light comes through the window.

지문을 듣고
따라 읽어보세요.

Special Farming with Ducks

Hi! My name is Somi. I live on a farm.

My parents are rice farmers.

They grow rice in a special way.

Look at our rice fields.

Do you see the ducks?

What are they doing?

They are helping my parents!

Key Grammar don't have to 동사원형

My parents don't have to use pesticides. 나의 부모님은 살충제를 쓸 필요가 없습니다.

'have to 동사원형'은 '~해야 합니다'라는 의무의 표현이에요. have to 앞에 부정의 don't를 붙이면 '~할 필요가 없습니다', '~하지 않아도 됩니다'라는 뜻이 됩니다.

예 You don't have to pay. 당신은 돈을 내지 않아도 됩니다.
We don't have to worry about it. 우리는 그것에 대해 걱정할 필요가 없습니다.

Ducks in the rice fields eat harmful insects and wild plants.

So my parents don't have to use pesticides.

And duck *droppings are natural fertilizers.

So my parents don't have to use fertilizers.

*dropping 배설물

With these ducks, we harvest healthier rice.

And it is good for the environment too!

건강한 논, 오리가 책임진다!

'유기농법'은 화학 비료나 농약을 사용하지 않고 유기물과 미생물 등의 자연 자원으로 농사를 짓는 것을 말합니다. 오리농법은 그중 하나로, 논에 벼를 재배하면서 오리를 함께 기르는 것이에요. 따라서 논에서 쌀과 오리고기를 모두 얻을 수 있어요. 또한 오리가 논에 있는 잡초를 자연적으로 제거하기 때문에 화학 농약을 사용하지 않아도 된다고 하네요! 일석이조(一石二鳥)인 셈이죠?

Comprehension Check

1 다음 질문의 답으로 가장 적절한 것을 골라 보세요.

ⓐ 이 글의 주제는 무엇인가요?

① harmful fertilizers

② growing rice with ducks

③ insects and wild plants on farms

ⓑ 다음 중 논의 오리가 먹는 것으로 언급되지 않은 것은 무엇인가요?

① rice ② insects ③ wild plants

ⓒ 소미네 농장에 관한 설명으로 알맞은 것은 무엇인가요?

① Somi's parents are wheat farmers.

② There are ducks on Somi's farm.

③ Somi's parents always use pesticides.

2 다음 문장을 읽고 맞으면 T, 틀리면 F에 표시하세요.

① Somi's parents grow rice in a special way. T : F

② Ducks in the rice fields help insects. T : F

③ Duck droppings are natural pesticides. T : F

3 다음 질문에 알맞은 답이 되도록 빈칸에 들어갈 말을 본문에서 찾아 써보세요.

Q What is special about rice farming with ducks?

A With ducks, people harvest ______ rice. And it is good for the ______.

QR 찍고 힌트 보기

Brain Power

흥미로운 미션을 풀고
코딩을 위한 사고력도 길러보세요!

절차적 사고력 알파벳을 알맞게 배열하여 단어를 만들어 보세요. 그리고 알파벳 아래에 적힌 숫자를 순서대로 아래 빈칸에 채워 문장을 완성해 보세요.

MARF → □□□□ (21, _, 24, 31)

CEIR → □□□□ (29, 8, 13, _)

UKDC → □□□□ (11, 12, 6, 14)

ILDW → □□□□ (1, 16, _, 20)

SIEPECIDT → □□□□□□□□□ (_, _, 19, _, _, _, _, _, 2)

LEIZRFERTI → □□□□□□□□□□ (_, 25, 22, 33, 18, _, 28, _, _, 3)

CENTIS → □□□□□□ (5, 30, _, 32, _, _)

TARSEVH → □□□□□□□ (_, _, 4, 27, _, 15, 17)

RUATALN → □□□□□□□ (26, _, 9, 23, _, _, _)

LETHYHA → □□□□□□□ (_, 7, _, _, _, 10, _)

1	2	G	3	O	1		4	5	6	7		1	8	9	10

11	12	13	14	15	.

16	17		18	19		G	O	O	20		21	O	22

O	23	24		25	26	27	28	29	O	30	31	32	30	33	.

Wrap UP!

Unit 01 두 종류의 친환경 자동차에 관한 알맞은 설명을 각각 골라 문장 번호를 써보세요.

1. It doesn't need gas.
2. It uses both gas and electricity.
3. It has a gas engine.
4. It only uses electricity for power.
5. It is very quiet.

Electric Car

Hybrid Car

기억이 안 난다면? 72쪽으로 이동하세요.

Unit 02 물고기가 태평양에 있는 플라스틱 쓰레기 더미에 대해 걱정하고 있어요. 보기 에서 알맞은 말을 골라 물고기가 하는 말을 완성해 보세요.

보기 toxic waste bigger die dangerous

I live in the Pacific Ocean.

There is a huge area of __________ in the ocean. It is becoming __________.

It is __________ for me and my friends.

Most of the plastic waste is __________.

Many of my friends eat it and __________.

Please don't use too much plastic!

기억이 안 난다면? 78쪽으로 이동하세요.

Unit 03 아래 각 건물에 관한 알맞은 설명을 찾아 바르게 연결해 보세요.

1 

2 

- The plants on the roof clean the air.
- It gets heat from sunlight.
- It is cool in summer and warm in winter.
- It uses wastewater and rainwater.

기억이 안 난다면? 84쪽으로 이동하세요.

Unit 04 보기 에서 알맞은 말을 골라 오리농법의 특징을 설명하는 문장을 완성해 보세요.

보기 harvest insects natural healthier pesticides

Special Farming with Ducks

Ducks eat harmful __________ and wild plants.
➜ Farmers don't have to use __________.

Duck droppings are __________ fertilizers.
➜ Farmers don't have to use fertilizers.

With ducks, farmers __________ __________ rice!

기억이 안 난다면? 90쪽으로 이동하세요.

쉬어가기

성냥개비를 한 개만 제거해서 미로를 탈출해보세요.

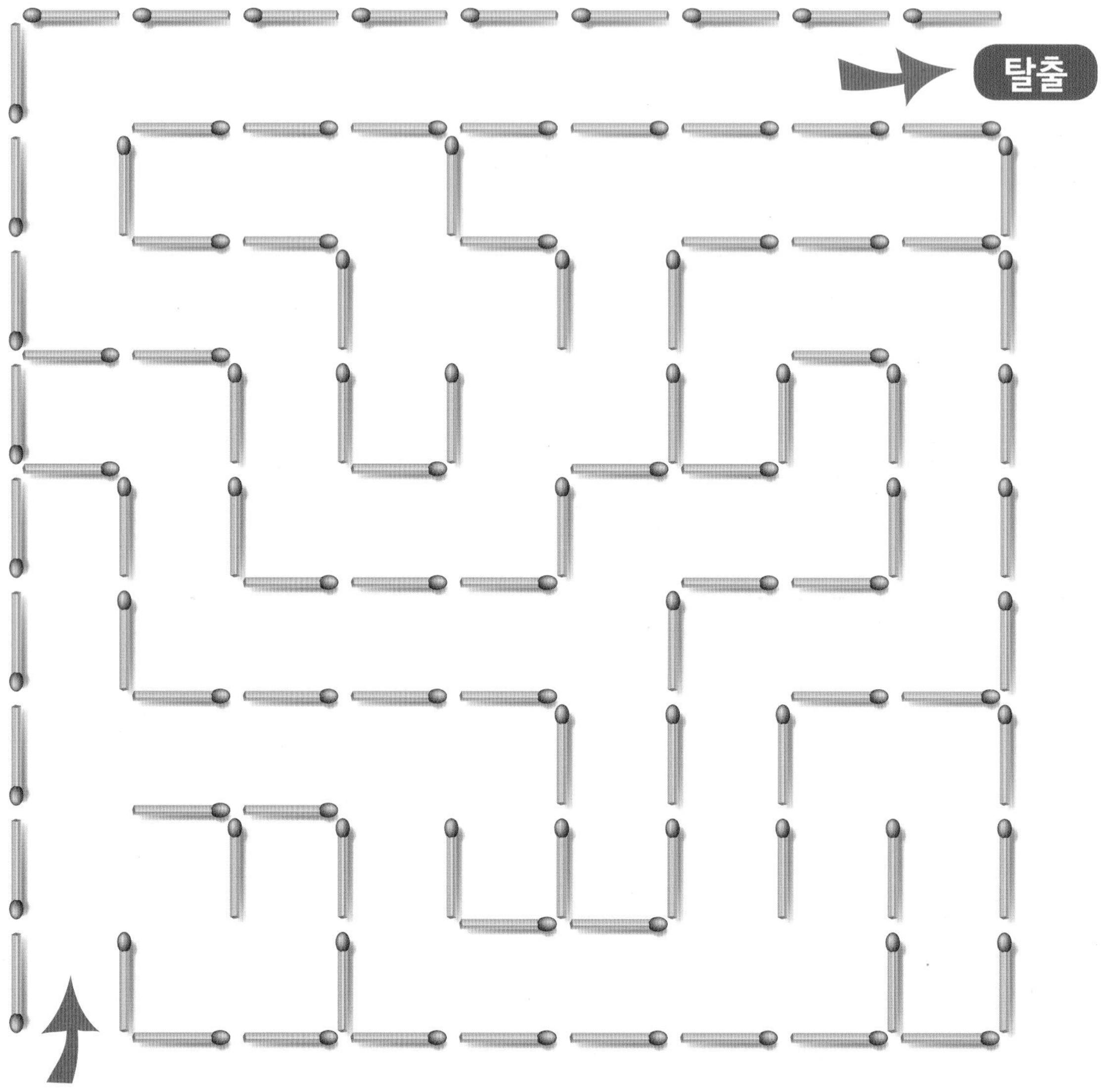

성냥개비를 한 개만 제거해서 꽃이 있는 곳까지 도착해보세요.

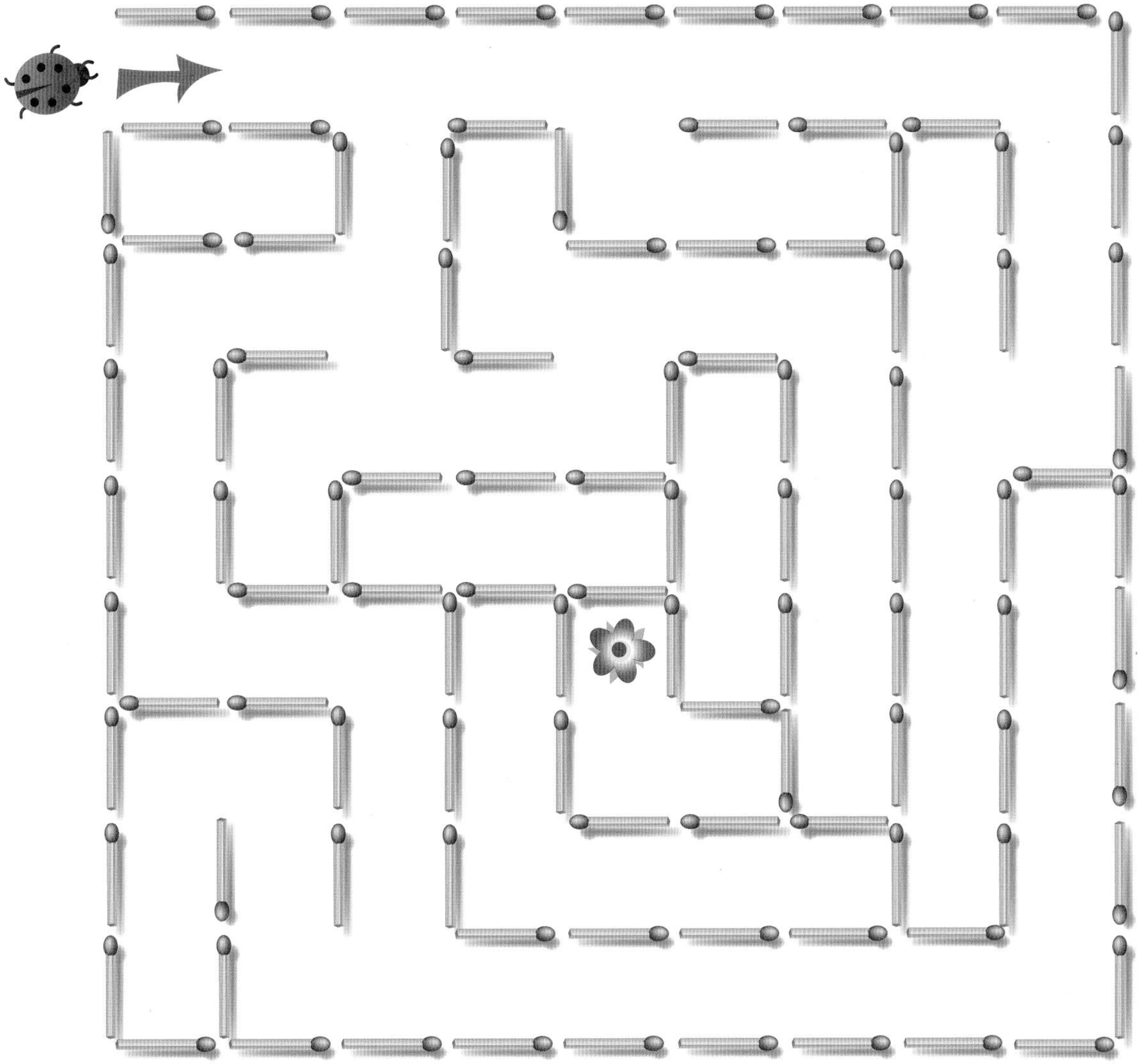

MEMO

MEMO

MEMO

Photo Credits

p. 11, 26 https://news.artnet.com/app/news-upload/2015/07/warhol-dollar-bill-sothebys.jpg

p. 27 https://commons.wikimedia.org/wiki/Andy_Warhol#/media/File:Warhol_exhibition.jpg

others

www.shutterstock.com

commons.wikimedia.org

지은이

NE능률 영어교육연구소

NE능률 영어교육연구소는 혁신적이며 효율적인 영어 교재를 개발하고 영어 학습의 질을 한 단계 높이고자 노력하는 NE능률의 연구조직입니다.

초등영어 리딩이 된다 Jump 2

펴 낸 이 주민홍
펴 낸 곳 서울특별시 마포구 월드컵북로 396(상암동) 누리꿈스퀘어 비즈니스타워 10층
㈜NE능률 (우편번호 03925)
펴 낸 날 2019년 1월 5일 초판 제1쇄
2024년 1월 15일 제8쇄
전 화 02 2014 7114
팩 스 02 3142 0356
홈페이지 www.neungyule.com
등록번호 제1-68호
I S B N 979-11-253-2502-4
정 가 14,000원

NE 능률

고객센터

교재 내용 문의 : contact.nebooks.co.kr (별도의 가입 절차 없이 작성 가능)
제품 구매, 교환, 불량, 반품 문의 : 02-2014-7114
☎ 전화문의는 본사 업무시간 중에만 가능합니다.

NE능률 교재 MAP

듣기 말하기 쓰기

아래 교재 MAP을 참고하여 본인의 현재 혹은 목표 수준에 따라 교재를 선택하세요.
NE능률 교재들과 함께 영어실력을 쑥쑥~ 올려보세요!
MP3 등 교재 부가 학습 서비스 및 자세한 교재 정보는 www.nebooks.co.kr 에서 확인하세요.

초1-2

초3
- 리스닝버디 1

초3-4
- 리스닝버디 2
- 초등영어 리스닝튜터 Beginner 1
- 초등영어 리스닝튜터 Beginner 2
- 초등영어 리스닝튜터 Beginner 3
- 능률 초등영어 듣기모의고사 10회 4-1, 4-2

초4-5
- 리스닝버디 3
- 능률 초등영어 듣기모의고사 10회 5-1, 5-2

초5-6
- 초등영어 리스닝튜터 Intermediate 1
- 초등영어 리스닝튜터 Intermediate 2
- 초등영어 리스닝튜터 Intermediate 3
- 능률 초등영어 듣기모의고사 10회 6-1, 6-2

초6-예비중
- Writing Builder 1

중1
- 1316 Listening 1
- 능률중학영어 듣기모의고사 22회 1
- Junior Listening Expert 1
- Writing Builder 2
- 쓰기로 마스터하는 중학서술형 1학년

중1-2
- 1316 Listening 2
- 능률중학영어 듣기모의고사 22회 2
- Junior Listening Expert 2

중2-3
- 1316 Listening 3
- Junior Listening Expert 3
- Writing Builder 3
- 쓰기로 마스터하는 중학서술형 2학년

중3
- 능률중학영어 듣기모의고사 22회 3
- Junior Listening Expert 4
- 쓰기로 마스터하는 중학서술형 3학년

중3-예비고

고1
- TEPS BY STEP L+V Basic

고1-2

고2-3
- TEPS BY STEP L+V 1

고3

수능 이상/ 토플 80-89 · 텝스 327-384점
- TEPS BY STEP L+V 2
- RADIX TOEFL Blue Label Listening 1
- RADIX TOEFL Blue Label Listening 2

수능 이상/ 토플 90-99 · 텝스 385-451점
- RADIX TOEFL Black Label Listening 1

수능 이상/ 토플 100 · 텝스 452점 이상
- TEPS BY STEP L+V 3
- RADIX TOEFL Black Label Listening 2

NE 능률

초등영어

리딩이 된다

Jump 2

Words 90

WORKBOOK · 정답 및 해설

초등영어 리딩이 된다 Jump 2

WORKBOOK

UNIT 01 사회 The History of Money

Subject Words 빈칸에 들어갈 알맞은 단어를 쓰세요.

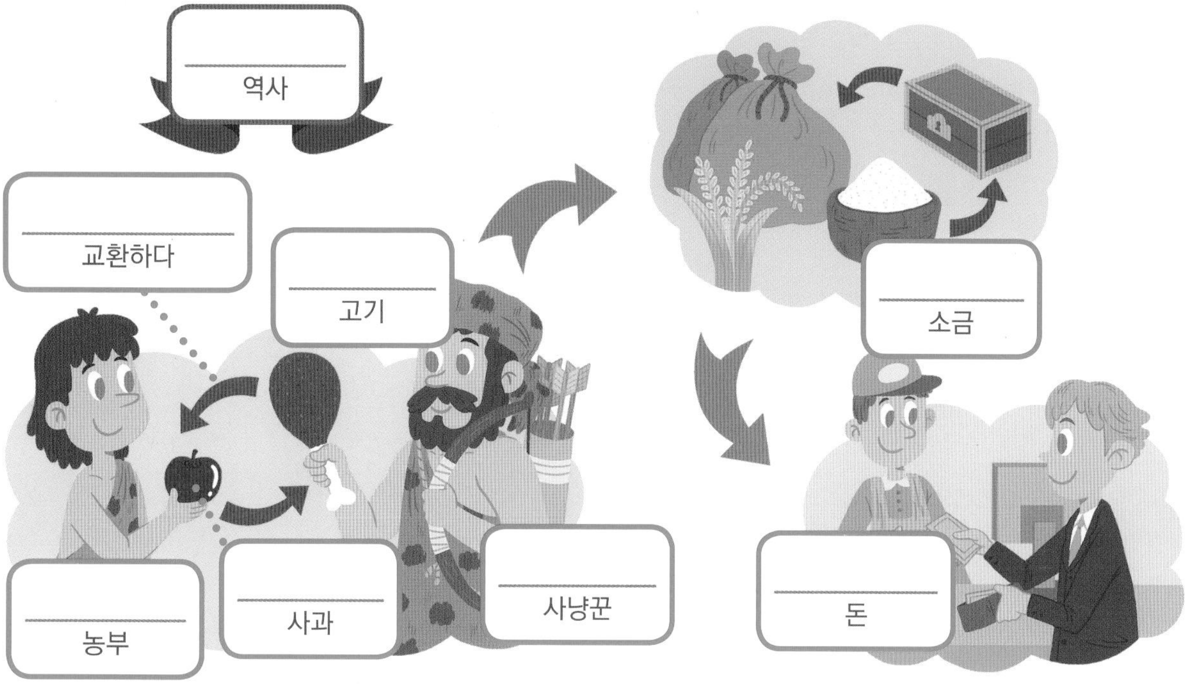

More Words 우리말에 맞도록 빈칸에 들어갈 알맞은 말을 보기 에서 찾아 쓰세요.

보기	problem	out of	start	value	metal	melts

1. How did we ____________ using money?
   우리는 어떻게 돈을 사용하기 시작했을까요?
2. There was a ____________.
   문제가 있었습니다.
3. The ____________ of each item was different.
   각 물품의 가치가 달랐습니다.
4. Salt ____________ easily on rainy days.
   소금은 비가 오는 날에 쉽게 녹습니다.
5. People made money ____________ ____________.
   사람들은 금속으로 돈을 만들었습니다.

Grammar - Writing Link

start 동사+ing ~하기 시작합니다

'~하기 시작합니다'는 영어로 'start 동사+ing'의 형태로 표현합니다.

참고 '동사+ing'는 동사가 -e로 끝나는 경우 e를 빼고 ing를, -ie로 끝나는 경우 ie를 y로 고치고 ing를 붙입니다.

Step 1 빈칸을 알맞게 채워 문장을 완성해 보세요.

1 우리는 어떻게 돈을 사용하기 시작했을까요? (use)

→ How did we ___________ ___________ money?

2 사람들은 몇몇의 물품을 돈으로 사용하기 시작했습니다. (use)

→ People ___________ ___________ some items as money.

Step 2 우리말 뜻에 맞게 괄호 안의 단어를 알맞은 순서로 배열해 보세요.

1 그 소년은 게임을 하기 시작했습니다. (started playing, the boy, games)

→ ____.

2 사람들은 동물을 돕기 시작했습니다. (people, animals, started helping)

→ ____.

Step 3 우리말 뜻에 맞게 주어진 단어를 사용해 문장을 만들어 보세요.

1 우리는 그 노래를 부르기 시작했습니다. (sing, we, the song)

→ ____.

2 그는 그 집의 크기를 측정하기 시작했습니다. (measure, he, the house, the size of)

→ ____.

UNIT 02 과학

Smart Vending Machine

Subject Words 빈칸에 들어갈 알맞은 단어를 쓰세요.

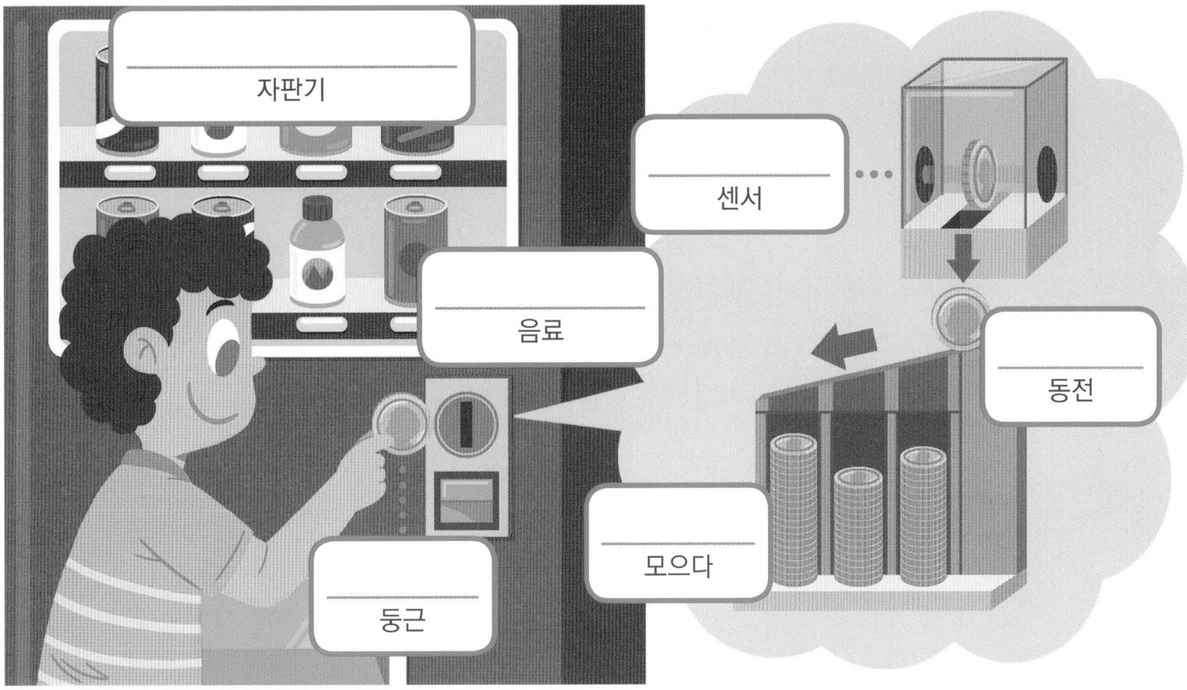

More Words 우리말에 맞도록 빈칸에 들어갈 알맞은 말을 보기 에서 찾아 쓰세요.

보기 sells determine magnets detects smart most

1. I am a ____________ vending machine.
   나는 똑똑한 자판기입니다.
2. The vending machine ____________ beverages.
   그 자판기는 음료를 팝니다.
3. ____________ coins are round and light.
   대부분의 동전들은 동그랗고 가볍습니다.
4. How can a vending machine ____________ the value of each coin?
   자판기는 어떻게 각 동전의 가치를 알아낼 수 있을까요?
5. With the ____________, a vending machine ____________ the type of metal.
   자판기는 자석들로 금속의 종류를 탐지합니다.

Grammar - Writing Link

접속사 and (그리)고

'and'는 '(그리)고'라는 뜻으로, 단어와 단어를 연결해주는 역할을 하는 접속사입니다.

참고 세 개 이상의 단어를 연결할 때는 마지막 단어 앞에만 and를 씁니다.

Step 1 빈칸을 알맞게 채워 문장을 완성해 보세요.

1. 대부분의 동전들은 동그랗고 가볍습니다.

→ Most coins are round ____________ light.

2. 동전들은 모두 크기와 무게가 다릅니다.

→ The coins are all different in size ____________ weight.

Step 2 우리말 뜻에 맞게 괄호 안의 단어를 알맞은 순서로 배열해 보세요.

1. 그 공은 크고 무겁습니다. (heavy, the ball, large, is, and)

→ ____.

2. 물 한 컵과 소금 그리고 설탕을 넣으세요. (and, add, salt, sugar, a cup of water)

→ ____.

Step 3 우리말 뜻에 맞게 주어진 단어를 사용해 문장을 만들어 보세요.

1. 그 가수는 젊고 유명합니다. (young, the singer, famous, is)

→ ____.

2. 그 농부는 옥수수와 감자를 기릅니다. (the farmer, potatoes, corn, grows)

→ ____.

UNIT 03 미술 Andy Warhol: Art and Money

Subject Words 빈칸에 들어갈 알맞은 단어를 쓰세요.

More Words 우리말에 맞도록 빈칸에 들어갈 알맞은 말을 보기 에서 찾아 쓰세요.

보기 bottles cost unique everyday popular objects

1. Does the picture __________ a dollar?
   그 그림의 값이 1 달러일까요?
2. Warhol used __________ __________.
   워홀은 일상적인 물건들을 사용했습니다.
3. Warhol painted pictures of __________ and cans.
   워홀은 병과 캔의 그림들을 그렸습니다.
4. Warhol's artwork was __________.
   워홀의 예술품은 독특했습니다.
5. Warhol became very __________.
   워홀은 매우 인기가 많아졌습니다.

Grammar - Writing Link

전치사 of ~의

명사 앞에서 다른 명사와의 관계를 나타내는 말을 '전치사'라고 합니다. 전치사 'of'는 '~의'라는 뜻으로, 어떤 사람이나 사물에 속하거나 그것과 관련된 것을 나타낼 때 씁니다.

Step 1 빈칸을 알맞게 채워 문장을 완성해 보세요.

1. 1달러 지폐 한 장의 그림이 있습니다.

→ There is a picture ____________ a one dollar bill.

2. 워홀은 병과 캔의 그림들을 그렸습니다.

→ Warhol painted pictures ____________ bottles and cans.

Step 2 우리말 뜻에 맞게 괄호 안의 단어를 알맞은 순서로 배열해 보세요.

1. 우리는 Mina의 사진을 보았습니다. (Mina, a picture of, we, saw)

→ ____.

2. 모네의 그림들은 유명합니다. (Monet, the paintings of, famous, are)

→ ____.

Step 3 우리말 뜻에 맞게 주어진 단어를 사용해 문장을 만들어 보세요.

1. 그는 이 노래의 작곡가입니다. (he, this song, the composer, is)

→ ____.

2. 나는 매일 아침 새의 소리를 듣습니다. (I, the sound, every morning, birds, hear)

→ ____.

UNIT 04 수학 +−×÷

How Can I Pay?

Subject Words 빈칸에 들어갈 알맞은 단어를 쓰세요.

More Words 우리말에 맞도록 빈칸에 들어갈 알맞은 말을 보기 에서 찾아 쓰세요.

보기 total wallet way price convenience store snacks

1. Jenny has two 1000-won bills in her ______________.
   Jenny는 그녀의 지갑에 두 장의 천 원짜리 지폐를 가지고 있습니다.

2. Jenny goes to a ______________.
   Jenny는 편의점으로 갑니다.

3. Jenny buys some ______________.
   Jenny는 몇몇 간식들을 삽니다.

4. The ______________ ______________ is 2,500 won.
   총 가격이 2,500원입니다.

5. Is there another ______________?
   또 다른 방법이 있을까요?

Grammar - Writing Link

조동사 could ~할 수(도) 있습니다

조동사 'could'는 '~할 수(도) 있습니다'라는 뜻으로, 가능성을 나타낼 때 씁니다. could 뒤에는 반드시 동사원형을 씁니다.

Step 1 빈칸을 알맞게 채워 문장을 완성해 보세요.

1. Jenny는 2,500원을 어떻게 지불할 수 있을까요?

→ How ____________ Jenny pay 2,500 won?

2. Jenny는 지폐 한 장과 동전 일곱 개로 지불할 수도 있습니다.

→ Jenny ____________ pay with one bill and seven coins.

Step 2 우리말 뜻에 맞게 괄호 안의 단어를 알맞은 순서로 배열해 보세요.

1. Jisu는 지금 집에 있을 수도 있습니다. (now, Jisu, could, at home, be)

→ ____.

2. 아기가 넘어질 수도 있습니다. (could, the baby, fall down)

→ ____.

Step 3 우리말 뜻에 맞게 주어진 단어를 사용해 문장을 만들어 보세요.

1. 이 새로운 차들은 매우 비쌀 수도 있습니다. (very, these new cars, expensive, be)

→ ____.

2. 우리는 오늘 만날 수도 있고 내일 만날 수도 있습니다. (meet, we, tomorrow, today, or)

→ ____.

UNIT 01 사회 Salt, the White Gold

Subject Words 빈칸에 들어갈 알맞은 단어를 쓰세요.

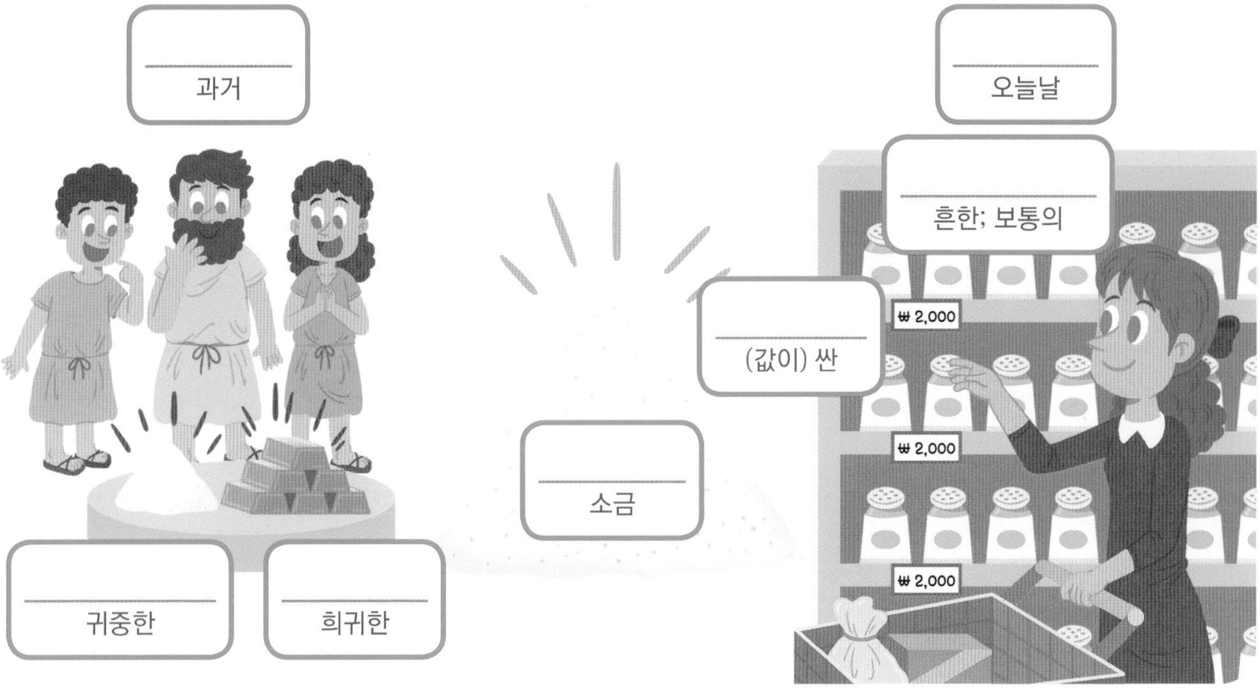

More Words 우리말에 맞도록 빈칸에 들어갈 알맞은 말을 보기 에서 찾아 쓰세요.

보기 difficult lives machines necessary soldiers taxes

1. Collecting salt was ____________.
   소금을 모으는 것은 어려웠습니다.

2. In Rome, ____________ got paid in salt.
   로마에서는 군인들이 소금으로 봉급을 받았습니다.

3. In France, people paid ____________ with salt.
   프랑스에서는 사람들이 소금으로 세금을 냈습니다.

4. Today people collect salt with ____________.
   오늘날 사람들은 기계로 소금을 모읍니다.

5. Salt is still as ____________ as water in our ____________.
   소금은 여전히 우리의 삶에 물만큼 필요합니다.

Grammar - Writing Link

as 형용사 as ~ ~만큼 (형용사)한

'as 형용사 as ~'는 '~만큼 (형용사)한'이라는 뜻으로, 두 비교 대상이 비슷할 때 쓰는 비교 표현이에요.

Step 1 빈칸을 알맞게 채워 문장을 완성해 보세요.

1. 소금은 금만큼 귀중했습니다. (valuable)

→ Salt was ________ ________ ________ gold.

2. 소금은 여전히 우리의 삶에 물만큼 필요합니다. (necessary)

→ Salt is still ________ ________ ________ water in our lives.

Step 2 우리말 뜻에 맞게 괄호 안의 단어를 알맞은 순서로 배열해 보세요.

1. 나는 당신만큼 키가 큽니다. (I, as, you, tall, am, as)

→ ______________________________.

2. 당신의 드레스는 내 드레스만큼 독특합니다. (as, my dress, as, unique, your dress, is)

→ ______________________________.

Step 3 우리말 뜻에 맞게 주어진 단어를 사용해 문장을 만들어 보세요.

1. 축구는 야구만큼 인기가 있습니다. (soccer, baseball, is, popular)

→ ______________________________.

2. John은 그의 아버지만큼 유명합니다. (John, famous, his father, is)

→ ______________________________.

UNIT 02 과학 Does the Sea Freeze?

Subject Words 빈칸에 들어갈 알맞은 단어를 쓰세요.

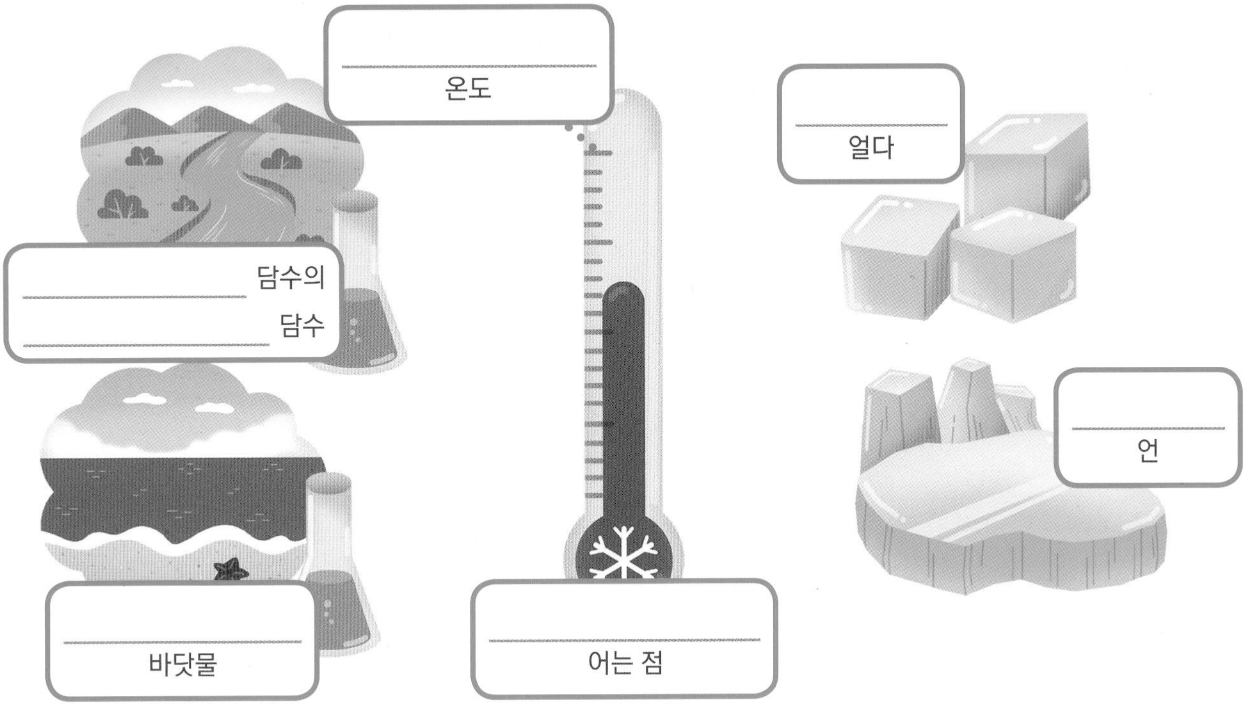

More Words 우리말에 맞도록 빈칸에 들어갈 알맞은 말을 보기에서 찾아 쓰세요.

보기	lower	happen	lakes	ride	skating	sleds

1. ______________ and ponds freeze in winter.
   겨울에는 호수와 연못이 업니다.

2. We go ______________ or ______________ ______________ on the frozen lakes.
   우리는 언 호수에서 스케이트를 타거나 썰매를 탑니다.

3. It doesn't ______________ often.
   그것은 자주 발생하지 않습니다.

4. Seawater freezes at a ______________ temperature.
   바닷물은 더 낮은 온도에서 업니다.

Grammar - Writing Link

부사 also 또한, 게다가

'also'는 '또한', '게다가'라는 뜻의 부사로, 동사의 앞이나 be동사, can과 같은 조동사 뒤에 씁니다.

Step 1 빈칸을 알맞게 채워 문장을 완성해 보세요.

1 겨울에는 호수와 연못 또한 업니다.

→ Lakes and ponds __________ freeze in winter.

2 바다 또한 얼 수 있습니다.

→ The sea can __________ freeze.

Step 2 우리말 뜻에 맞게 괄호 안의 단어를 알맞은 순서로 배열해 보세요.

1 나는 사과를 좋아합니다. 나는 또한 오렌지도 좋아합니다. (also, oranges, I, like)

→ I like apples. ______________________________.

2 나는 피아노를 칠 수 있습니다. 나는 또한 바이올린도 켤 수 있습니다. (play, can, the violin, also, I)

→ I can play the piano. ______________________________.

Step 3 우리말 뜻에 맞게 주어진 단어를 사용해 문장을 만들어 보세요.

1 그녀는 영어를 말합니다. 그녀는 프랑스어도 말합니다. (French, speaks, she)

→ She speaks English. ______________________________.

2 Jim은 의사입니다. 그의 아버지도 의사입니다. (his father, a doctor, is)

→ Jim is a doctor. ______________________________.

UNIT 03 미술

Huge Artwork Made of Salt

Subject Words 빈칸에 들어갈 알맞은 단어를 쓰세요.

More Words 우리말에 맞도록 빈칸에 들어갈 알맞은 말을 보기 에서 찾아 쓰세요.

보기	amazing	castle	deep	height	visit	hotel

1. What do you think this place is? A __________? A __________?
   이 장소는 무엇이라고 생각하나요? 성일까요? 호텔일까요?

2. The mine is 327 meters __________.
   그 광산은 깊이가 327미터입니다.

3. The mine is as deep as the __________ of the Eiffel Tower.
   그 광산은 에펠탑의 높이만큼 깊습니다.

4. Isn't it __________?
   놀랍지 않은가요?

5. Many people __________ the mine even now.
   많은 사람들이 심지어 지금도 그 광산을 방문합니다.

Grammar - Writing Link

부사 even　　심지어 ~도[조차]

'even'은 '심지어 ~도[조차]'라는 뜻으로, 예상 밖이거나 놀라운 일을 표현할 때 쓰는 부사입니다.

Step 1 빈칸을 알맞게 채워 문장을 완성해 보세요.

1. 그 광산은 심지어 작은 연못도 가지고 있습니다.

   → The mine ____________ has a small lake.

2. 많은 사람들이 심지어 지금도 그 광산을 방문합니다.

   → Many people visit the mine ____________ now.

Step 2 우리말 뜻에 맞게 괄호 안의 단어를 알맞은 순서로 배열해 보세요.

1. 나는 심지어 남동생의 방도 청소했습니다. (cleaned, even, I, my brother's room)

   → ____.

2. 그는 심지어 학교에 가지도 않았습니다. (didn't, school, he, even, go, to)

   → ____.

Step 3 우리말 뜻에 맞게 주어진 단어를 사용해 문장을 만들어 보세요.

1. 심지어 6월인데도 춥습니다. (it, cold, is, in June)

   → ____.

2. 나는 심지어 그의 이름조차 모릅니다. (know, I, don't, his name)

   → ____.

UNIT 04 수학 Which Seawater Is Saltier?

Subject Words 빈칸에 들어갈 알맞은 단어를 쓰세요.

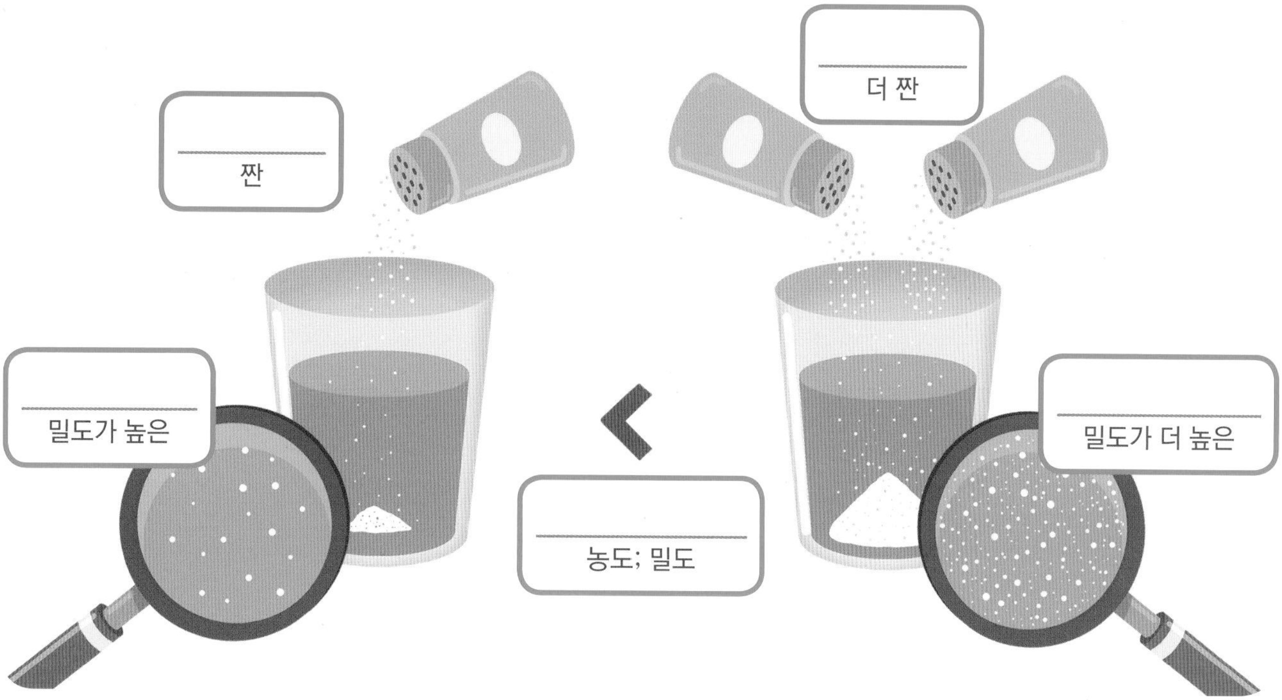

More Words 우리말에 맞도록 빈칸에 들어갈 알맞은 말을 보기에서 찾아 쓰세요.

보기	samples	here	percentage	check	cups	contains

1. ______________ are two ______________ of seawater.
   여기 바닷물 두 컵이 있습니다.
2. They are two different seawater ______________.
   그것들은 두 개의 다른 바닷물 샘플입니다.
3. The ______________ of salt in seawater determines seawater's density.
   바닷물 안에 있는 소금의 비율은 바닷물의 농도를 결정합니다.
4. Let's ______________ the densities of the seawater.
   바닷물의 농도를 확인해봅시다.
5. The seawater ______________ 6 grams of salt.
   그 바닷물에는 6 그램의 소금이 들어 있습니다

Grammar - Writing Link

의문형용사 which　　어느 ~

'which'는 '어느 ~' 라는 뜻으로, 의문문에서 뒤에 있는 명사를 꾸며주는 의문형용사입니다.

Step 1 빈칸을 알맞게 채워 문장을 완성해 보세요.

1 어느 소금물이 더 짠가요?

→ ____________ seawater is saltier?

2 어느 가방이 당신의 가방인가요?

→ ____________ bag is your bag?

Step 2 우리말 뜻에 맞게 괄호 안의 단어를 알맞은 순서로 배열해 보세요.

1 교회가 어느 방향인가요? (the church, which way, is)

→ ____?

2 당신은 어느 계절을 좋아하나요? (like, which season, you, do)

→ ____?

Step 3 우리말 뜻에 맞게 주어진 단어를 사용해 문장을 만들어 보세요.

1 어느 것이 더 싼가요? (cheaper, is, one)

→ ____?

2 당신은 어느 노래를 좋아하나요? (do, you, song, like)

→ ____?

UNIT 01 사회 Cars for the Environment

Subject Words 빈칸에 들어갈 알맞은 단어를 쓰세요.

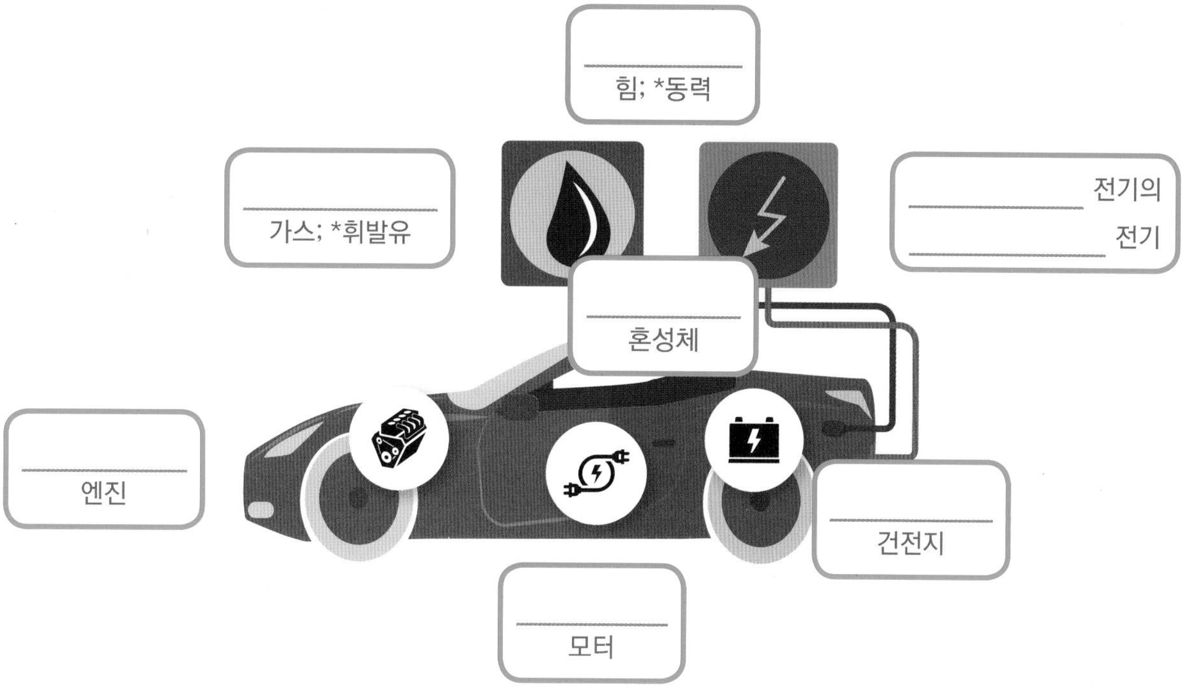

More Words 우리말에 맞도록 빈칸에 들어갈 알맞은 말을 보기에서 찾아 쓰세요.

보기	noise	charge	quiet	combination	regular	environment

1. These two cars use less gas than ____________ cars.
   이 두 자동차는 보통의 자동차보다 더 적은 기름을 사용합니다.

2. These two cars are better for our ____________.
   이 두 자동차는 우리의 환경에 더 낫습니다.

3. You ____________ the battery in the car, and it moves.
   당신이 그 자동차의 배터리를 충전하면, 그것이 움직입니다.

4. This car doesn't make much ____________.
   이 자동차는 많은 소음을 내지 않습니다.

5. This car is very ____________.
   이 자동차는 매우 조용합니다.

6. *Hybrid* means "a(n) ____________ of two different things."
   혼성체는 '두 개의 다른 것들의 결합'을 의미합니다.

Grammar - Writing Link

both A and B   A와 B 둘 다

'A와 B 둘 다'는 영어로 'both A and B'라고 표현할 수 있어요. 이때, and 앞뒤에 있는 A와 B는 같은 품사의 단어를 써야 합니다.

Step 1 빈칸을 알맞게 채워 문장을 완성해 보세요.

1 그 자동차는 엔진과 전기 모터를 둘 다 가지고 있습니다.

→ The car has ____________ an engine ____________ an electric motor.

2 그 자동차는 휘발유와 전기를 둘 다 사용합니다.

→ The car uses ____________ gas ____________ electricity.

Step 2 우리말 뜻에 맞게 괄호 안의 단어를 알맞은 순서로 배열해 보세요.

1 나는 수학과 과학 둘 다 좋아합니다. (math, science, like, both, and, I)

→ ____.

2 그의 엄마와 아빠 두 분 다 선생님입니다. (his mom, are, teachers, dad, and, both)

→ ____.

Step 3 우리말 뜻에 맞게 주어진 단어를 사용해 문장을 만들어 보세요.

1 나는 개와 고양이 둘 다 무척 좋아합니다. (dogs, love, cats, I)

→ ____.

2 그 자판기는 음료수와 과자 둘 다 팝니다. (sells, beverages, the vending machine, snacks)

→ ____.

UNIT 02 과학

Plastic Island

Subject Words 빈칸에 들어갈 알맞은 단어를 쓰세요.

More Words 우리말에 맞도록 빈칸에 들어갈 알맞은 말을 보기 에서 찾아 쓰세요.

보기 die carry ~ into island toxic harmful dangerous

1 The huge area of waste looks like an ____________.
그 거대한 쓰레기 지역은 섬처럼 생겼습니다.

2 Currents ____________ the waste ____________ the middle of the ocean.
해류가 쓰레기를 바다 한가운데로 운반합니다.

3 The pile of waste is becoming more ____________.
그 쓰레기 더미는 더 위험해지고 있습니다.

4 Most of the plastic waste is ____________.
대부분의 플라스틱 쓰레기는 유독합니다.

5 Sea animals can eat the plastic waste and ____________.
바다 동물들이 플라스틱 쓰레기를 먹고 죽을 수 있습니다.

6 We could eat these fish with ____________ chemicals.
우리는 해로운 화학물질이 있는 이 생선들을 먹을 수도 있습니다.

Grammar - Writing Link

become + 비교급 　더 ~한 상태가 됩니다

become은 '~가 됩니다'라는 뜻의 동사예요. become 다음에 비교급을 쓰게 되면 '더 ~한 상태가 됩니다'라는 의미를 나타냅니다.

Step 1 빈칸을 알맞게 채워 문장을 완성해 보세요.

1 그 쓰레기 더미는 더 커지고 있습니다.

→ The pile of waste is ____________ bigger.

2 그 쓰레기 더미는 더 위험해지고 있습니다.

→ The pile of waste is ____________ more dangerous.

Step 2 우리말 뜻에 맞게 괄호 안의 단어를 알맞은 순서로 배열해 보세요.

1 소금은 값이 더 싸졌습니다. (became, salt, cheaper)

→ ____.

2 그는 더 인기 있어지고 있습니다. (more, is becoming, popular, he)

→ ____.

Step 3 우리말 뜻에 맞게 주어진 단어를 사용해 문장을 만들어 보세요.

1 전기 자동차들은 더 흔해질 것입니다. (electric cars, common, will, more)

→ ____.

2 우리 도시는 더 밀도가 높아지고 있습니다. (is, denser, our city)

→ ____.

UNIT 03 미술

Green Buildings in Cities

Subject Words 빈칸에 들어갈 알맞은 단어를 쓰세요.

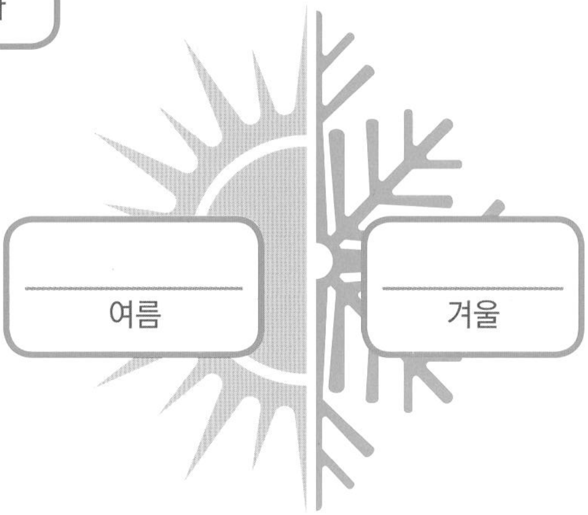

More Words 우리말에 맞도록 빈칸에 들어갈 알맞은 말을 보기에서 찾아 쓰세요.

보기	roof	rainwater	warm	heat	care about	wastewater

1. We __________ the environment.
   우리는 환경에 관심을 가집니다.
2. The building gets __________ from sunlight.
   그 건물은 햇빛으로부터 열을 얻습니다.
3. The building uses __________ and __________.
   그 건물은 폐수와 빗물을 사용합니다.
4. The building has a very large, green __________.
   그 건물은 매우 큰 녹색 지붕을 가지고 있습니다.
5. The building is __________ in winter.
   그 건물은 겨울에 따뜻합니다.

Grammar - Writing Link

be located in ~ ~에 (위치해) 있습니다

'~에 (위치해) 있습니다'는 영어로 'be located in ~'이라고 표현할 수 있어요. be동사는 주어에 따라 am, are, is로 바꿔 써야 합니다.

Step 1 빈칸을 알맞게 채워 문장을 완성해 보세요.

1 이 건물은 미국에 (위치해) 있습니다.

→ This building ____________ ____________ ____________ the United States.

2 이 건물은 일본에 (위치해) 있습니다.

→ This building ____________ ____________ ____________ Japan.

Step 2 우리말 뜻에 맞게 괄호 안의 단어를 알맞은 순서로 배열해 보세요.

1 그 섬은 태평양에 (위치해) 있습니다. (the Pacific Ocean, is located in, the island)

→ ____.

2 그 산들은 캐나다에 (위치해) 있습니다. (Canada, the mountains, are located in)

→ ____.

Step 3 우리말 뜻에 맞게 주어진 단어를 사용해 문장을 만들어 보세요.

1 그 성들은 숲 안에 (위치해) 있습니다. (the castles, the forest)

→ ____.

2 그 천문대는 공원에 (위치해) 있습니다. (the observatory, the park)

→ ____.

UNIT 04 실과

Special Farming with Ducks

Subject Words 빈칸에 들어갈 알맞은 단어를 쓰세요.

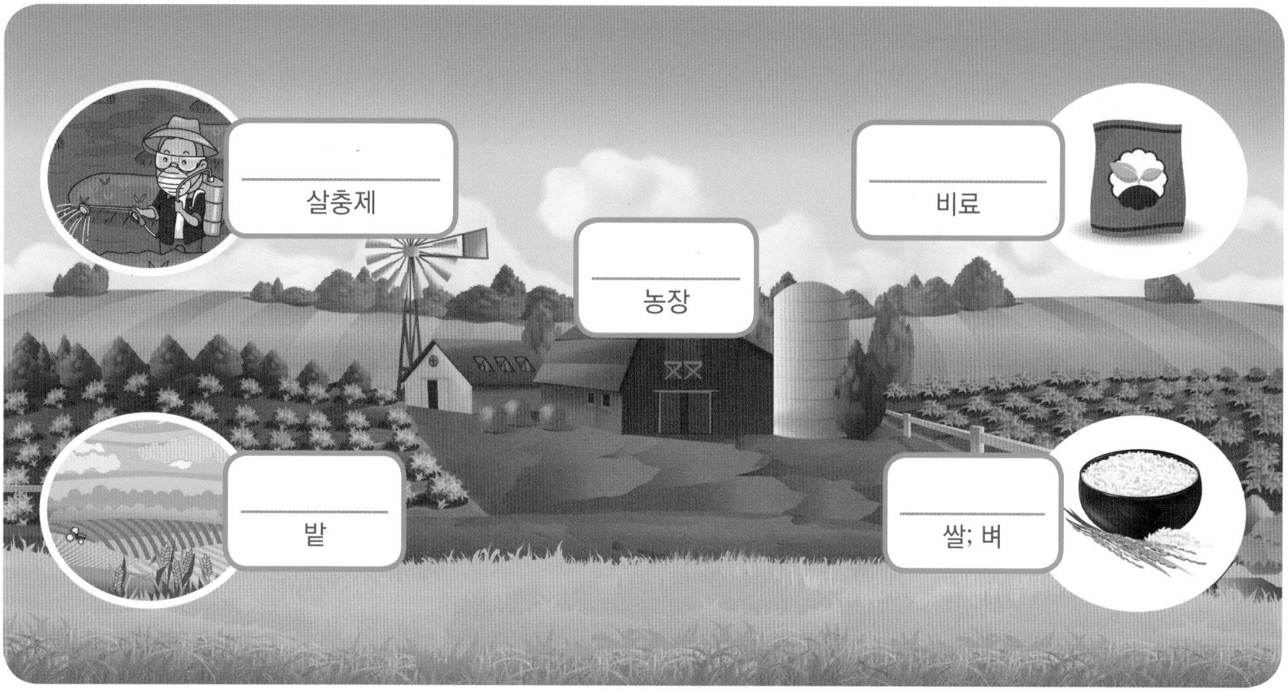

More Words 우리말에 맞도록 빈칸에 들어갈 알맞은 말을 보기에서 찾아 쓰세요.

보기	healthier	ducks	insects	natural	harvest	wild

1. ____________ are helping my parents.
   오리들이 나의 부모님을 돕고 있습니다.

2. Ducks in the rice fields eat harmful ____________ and ____________ plants.
   논에 있는 오리들은 해로운 곤충과 야생 식물을 먹습니다.

3. Duck droppings are ____________ fertilizers.
   오리의 배설물은 천연 비료입니다.

4. With these ducks, we ____________ ____________ rice.
   이 오리들로, 우리는 더 건강한 쌀을 수확합니다.

Grammar - Writing Link

don't have to 동사원형　~할 필요가 없습니다, ~하지 않아도 됩니다

'have to 동사원형'은 '~해야 합니다'라는 의무의 표현이에요. have to 앞에 부정의 don't를 붙이면 '~할 필요가 없습니다', '~하지 않아도 됩니다'라는 뜻이 됩니다.

Step 1 **빈칸을 알맞게 채워 문장을 완성해 보세요.**

1 나의 부모님은 살충제를 쓸 필요가 없습니다.

→ My parents ____________ ____________ ____________ use pesticides.

2 나의 부모님은 비료를 쓰지 않아도 됩니다.

→ My parents ____________ ____________ ____________ use fertilizers.

Step 2 **우리말 뜻에 맞게 괄호 안의 단어를 알맞은 순서로 배열해 보세요.**

1 당신은 돈을 내지 않아도 됩니다. (don't, you, have to, pay)

→ ____.

2 우리는 그것에 대해 걱정할 필요가 없습니다. (worry about, it, have to, we, don't)

→ ____.

Step 3 **우리말 뜻에 맞게 주어진 단어를 사용해 문장을 만들어 보세요.**

1 우리는 내일 학교에 가지 않아도 됩니다. (tomorrow, go, to, we, school)

→ ____.

2 당신은 그 책을 읽을 필요가 없습니다. (read, you, the book)

→ ____.

초등영어

리딩이 된다

Jump 2

STUDENT BOOK 정답 및 해설

UNIT 01 사회 The History of Money 돈의 역사

Subject Words QR코드를 이용하여 단어를 듣고 따라 읽어보세요.

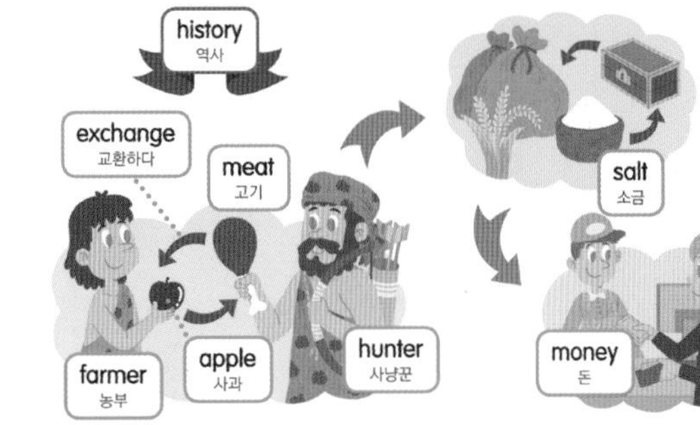

More Words QR코드를 이용하여 단어와 예문을 듣고 따라 읽어보세요.

Kids start running.
아이들은 달리기 시작합니다.

There is a problem with her car.
그녀의 차에 문제가 있습니다.

The value of this ring is high.
이 반지의 가치는 높습니다.

Snow melts in spring.
봄에 눈이 녹습니다.

We made a chair out of wood.
우리는 나무로 의자를 만들었습니다.

The house has a metal door.
그 집에는 금속으로 된 문이 있습니다.

Vocabulary Check

Subject Words 그림과 뜻을 보고 알맞은 단어를 쓰세요.

1.  역사 history
2.  농부 farmer
3.  돈 money
4.  사냥꾼 hunter
5.  교환하다 exchange
6.  소금 salt
7.  사과 apple
8. 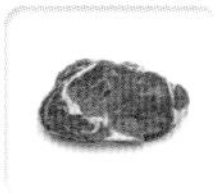 고기 meat

More Words 우리말에 맞는 문장이 되도록 알맞은 단어를 고르세요.

1. 봄에 눈이 녹습니다. — Snow (melts) / meets in spring.
2. 아이들은 달리기 시작합니다. — Kids stop / (start) running.
3. 그녀의 차에 문제가 있습니다. — There is a (problem) / party with her car.
4. 그 집에는 금속으로 된 문이 있습니다. — The house has a (metal) / chemical door.
5. 이 반지의 가치는 높습니다. — The (value) / weight of this ring is high.
6. 우리는 나무로 의자를 만들었습니다. — We made a chair of out / (out of) wood.

자문을 듣고 따라 읽어보세요.

The History of Money 돈의 역사

We use money every day. 우리는 매일 돈을 사용합니다.

But how did we start using money?
하지만 우리는 어떻게 돈을 사용하기 시작했을까요?

A long time ago, there were farmers and hunters.
The farmers had apples. And they needed meat.
The hunters had meat. And they needed apples.
So they exchanged their items.

옛날에, 농부들과 사냥꾼들이 있었습니다.
농부들은 사과를 가지고 있었습니다. 그리고 그들은 고기가 필요했습니다.
사냥꾼들은 고기를 가지고 있었습니다. 그리고 그들은 사과가 필요했습니다.
그래서 그들은 그들의 물품을 교환했습니다.

Key Grammar start 동사+ing

How did we start using money? 우리는 어떻게 돈을 사용하기 시작했을까요?

'~하기 시작합니다'는 영어로 'start 동사+ing'의 형태로 표현합니다.
참고 '동사+ing'는 동사가 -e로 끝나는 경우 e를 빼고 ing를, -ie로 끝나는 경우 ie를 y로 고치고 ing를 붙입니다.

예 The boy started playing games. 그 소년은 게임을 하기 시작했습니다.
People started helping animals. 사람들은 동물을 돕기 시작했습니다.

하지만 문제가 있었습니다.
각 물품의 가치가 달랐습니다.
그래서 사람들은 어떤 물품을 돈으로 사용하기 시작했습니다.
그 물품은 소금과 쌀입니다.

But there was a problem.
The value of each item was different.
So people started using some items as money.
Those items were salt and rice.

But there was another problem.
Salt melts easily on rainy days.
And the rice was too heavy.
So people made money out of metal.

하지만 또 다른 문제가 있었습니다.
소금은 비가 오는 날에 쉽게 녹습니다.
그리고 쌀은 너무 무거웠습니다.
그래서 사람들은 금속으로 돈을 만들었습니다.

소금, 가죽, 조개껍데기가 돈이었다니!

우리 선조들은 과거에 주로 물물교환을 했어요. 그러나 물물교환은 필요한 물건을 원할 때 찾기 어렵고, 물건들을 휴대하거나 보관하기 쉽지 않다는 단점이 있었어요. 그래서 당시 선조들은 휴대하기 쉽고 썩지 않는 물건들을 돈처럼 사용했다고 해요. 그 물건들은 바로! 소금, 동물들의 뼈, 가죽, 옷감, 그리고 조개껍데기 등이었어요. 특히 조개껍데기는 모양이 화려하고 잘 부서지지 않아 돈처럼 사용하기에 좋았대요.

Comprehension Check

1 다음 질문의 답으로 가장 적절한 것을 골라 보세요.

ⓐ 이 글의 주제는 무엇인가요?

① the history of salt and rice 소금과 쌀의 역사
② many problems with money 돈의 여러 가지 문제점들
③ ✔ how people started using money 사람들은 어떻게 돈을 사용하기 시작했는가

ⓑ 물물교환의 문제점은 무엇이었나요?

① There were not many items. 많은 물품이 없었습니다.
② People needed the same item. 사람들은 같은 물품을 필요로 했습니다.
③ ✔ The value of each item was different. 각 물품의 가치가 달랐습니다.

ⓒ 다음 중 과거에 돈으로 쓰인 것이 아닌 것은 무엇인가요?

① rice 쌀 ② ✔ meat 고기 ③ salt 소금

2 다음 문장을 읽고 맞으면 T, 틀리면 F에 표시하세요.

① A long time ago, farmers and hunters exchanged items. 옛날에, 농부들과 사냥꾼들은 물품을 교환했습니다. (T)
② People used apples as money in the past. 사람들은 과거에 사과를 돈으로 사용했습니다. (F)
③ Rice melts easily on rainy days. 쌀은 비가 오는 날에 쉽게 녹습니다. (F)

3 다음 질문에 알맞은 답이 되도록 빈칸에 들어갈 말을 본문에서 찾아 써보세요.

소금과 쌀을 사용한 뒤에 사람들은 무엇을 만들었나요?
Q What did people make after using salt and rice?
A People made money out of metal.
사람들은 금속으로 돈을 만들었습니다.

Brain Power

QR 찍고 힌트 보기
흥미로운 미션을 풀고 코딩을 위한 사고력도 길러보세요!

창의적 사고력 알파벳 공을 연결하면 단어들을 만들 수 있습니다. 주어진 개수만큼 단어를 만들고 뜻도 함께 써보세요. (단, 바로 옆에 있는 공끼리는 연결할 수 없어요.)

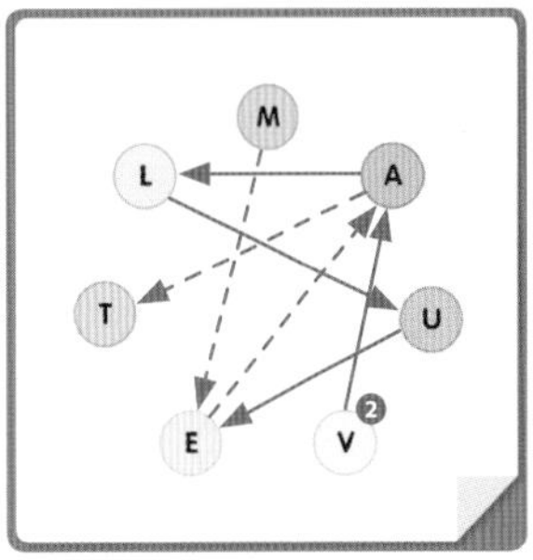

단어 2개
① MEAT 뜻: 고기
② VALUE 뜻: 가치

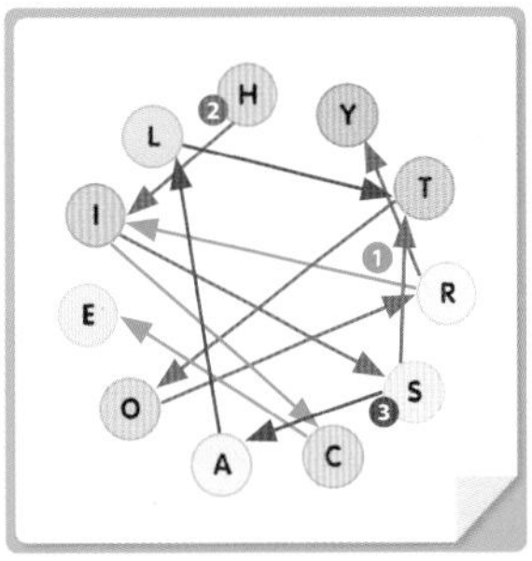

단어 3개
① RICE 뜻: 쌀
② HISTORY 뜻: 역사
③ SALT 뜻: 소금

자판기를 사용해 본 적이 있나요? 네 아니요
Q Have you used a vending machine? Yes No

UNIT 02 과학 Smart Vending Machine
똑똑한 자판기

Subject Words QR코드를 이용하여 단어를 듣고 따라 읽어보세요.

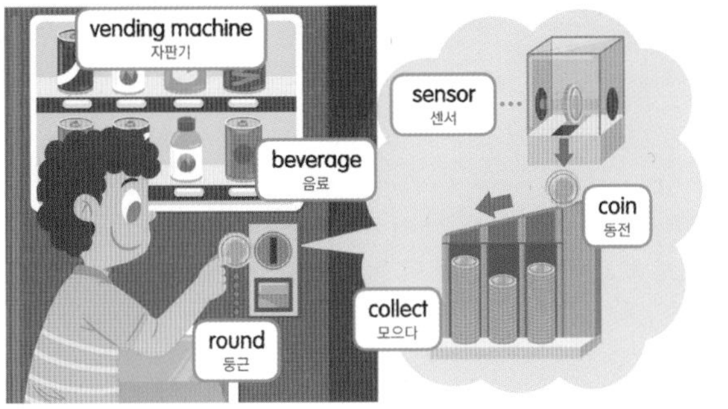

More Words QR코드를 이용하여 단어와 예문을 듣고 따라 읽어보세요.

She is a smart kid. 그녀는 똑똑한 아이입니다.

The woman sells flowers. 그 여자는 꽃을 팝니다.

Most students are boys. 대부분의 학생들이 남자입니다.

It determines the name of the song. 그것은 그 노래의 제목을 알아냅니다.

This is a strong magnet. 이것은 강력한 자석입니다.

The smartphone detects my face. 스마트폰이 내 얼굴을 탐지합니다.

Vocabulary Check

Subject Words 그림과 뜻을 보고 알맞은 단어를 쓰세요.

①  자판기 — vending machine
②  음료 — beverage
③  모으다 — collect
④  동전 — coin
⑤  둥근 — round
⑥  센서 — sensor

More Words 우리말에 맞는 문장이 되도록 알맞은 단어를 고르세요.

① 그 여자는 꽃을 팝니다. The woman (sells) / spins flowers.
② 이것은 강력한 자석입니다. This is a strong metal / (magnet).
③ 대부분의 학생들이 남자입니다. All / (Most) students are boys.
④ 그녀는 똑똑한 아이입니다. She is a (smart) / special kid.
⑤ 그것은 그 노래의 제목을 알아냅니다. It (determines) / measures the name of the song.
⑥ 스마트폰이 내 얼굴을 탐지합니다. The smartphone (detects) / connects my face.

지문을 듣고 따라 읽어보세요.

Smart Vending Machine 똑똑한 자판기

Hi, I am a smart vending machine. 안녕, 나는 똑똑한 자판기야.
I sell beverages. 나는 음료를 팔아.
And I collect coins from people. 그리고 나는 사람들로부터 동전을 모아.

There are many types of coins. 많은 종류의 동전들이 있어.
Most coins are round and light. 대부분의 동전들은 둥글고 가벼워.
But they are all different in size and weight.
How can I determine the value of each coin?
하지만 그것들은 모두 크기와 무게가 달라.
나는 어떻게 각 동전의 가치를 알아낼 수 있을까?

Key Grammar 접속사 and

Most coins are round and light. 대부분의 동전들은 둥그렇고 가볍습니다.

'and'는 '(그리)고'라는 뜻으로, 단어와 단어를 연결해주는 역할을 하는 접속사입니다.
참고 세 개 이상의 단어를 연결할 때는 마지막 단어 앞에만 and를 씁니다.

예 The ball is large and heavy. 그 공은 크고 무겁습니다.
Add a cup of water, salt, and sugar. 물 한 컵과 소금 그리고 설탕을 넣으세요.

나는 광 센서와 자석을 가지고 있어.
광 센서로, 나는 동전의 크기를 측정해.
자석으로, 나는 금속의 종류를 탐지해.
그리고 나는 또한 금속의 무게도 탐지해.

I have light sensors and magnets.
With the light sensors, I measure the size of the coin.
With the magnets, I detect the type of metal.
And I also detect the weight of the metal.

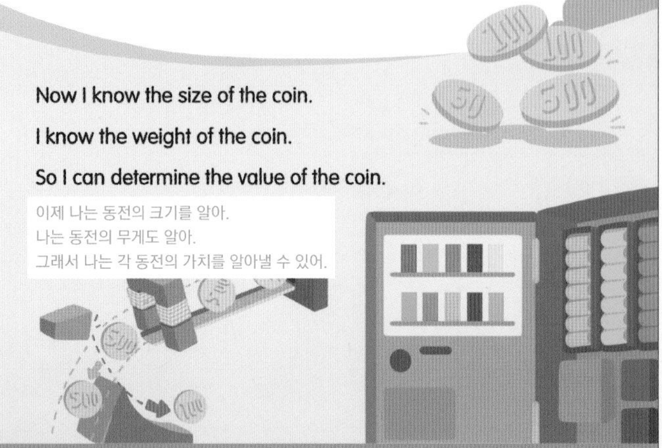

Now I know the size of the coin.
I know the weight of the coin.
So I can determine the value of the coin.
이제 나는 동전의 크기를 알아.
나는 동전의 무게도 알아.
그래서 나는 각 동전의 가치를 알아낼 수 있어.

세계 곳곳의 이색 자판기

일본에는 온도와 습도를 조절하여 싱싱한 상추를 판매하는 '상추 자판기'가 있어요. 이 자판기 안에는 전구가 있는데, 이 전구가 태양의 역할을 한답니다. 또, 얼린 초밥을 파는 자판기도 있어요. 얼린 초밥을 자판기에서 사서 옆에 있는 전자레인지로 데워 먹을 수 있다고 합니다. 이탈리아에는 피자 자판기가 있는데, 피자가 만들어지는 과정을 지켜볼 수 있대요. 여러분은 어떤 자판기가 생겼으면 좋겠나요?

Comprehension Check

1 다음 질문의 답으로 가장 적절한 것을 골라 보세요.

ⓐ 이 글의 주제는 무엇인가요?
① different types of coins 다양한 종류의 동전
✔② how vending machines work 자판기는 어떻게 작동하는가
③ measuring the value of metal 금속의 가치를 측정하기

ⓑ 자판기의 광 센서는 무엇을 측정하나요?
✔① the size of coins 동전의 크기
② the weight of the metal 금속의 무게
③ the type of metal 금속의 종류

ⓒ 자판기 속 자석의 역할을 모두 골라보세요.
✔① They detect the type of metal. 그것들은 금속의 종류를 탐지합니다.
② They detect the color of the metal. 그것들은 금속의 색깔을 탐지합니다.
✔③ They detect the weight of the metal. 그것들은 금속의 무게를 탐지합니다.

2 다음 문장을 읽고 맞으면 T, 틀리면 F에 표시하세요.

① The vending machine sells beverages. 자판기는 음료를 팝니다. (T) F
② All coins are the same in size and weight. 모든 동전들은 크기와 무게가 같습니다. T (F)
③ The vending machine can determine the size of coins. 자판기는 동전의 크기를 알아낼 수 있습니다. (T) F

3 다음 질문에 알맞은 답이 되도록 빈칸에 들어갈 말을 본문에서 찾아 써보세요.

Q How can a vending machine determine the value of a coin?
자판기는 어떻게 동전의 가치를 알아내나요?
A It measures the size of the coin, and it detects the type of metal and the weight of the metal.
그것은 동전의 크기를 측정하고, 그것은 금속의 종류와 금속의 무게를 탐지합니다.

QR 찍고 힌트 보기

Brain Power

흥미로운 미션을 풀고 코딩을 위한 사고력도 길러보세요!

문제 해결력 로봇은 화살표 명령어를 따라 미로를 탈출할 수 있어요. 자판기의 원리와 관련된 올바른 정보만을 모두 따라가도록 빈칸에 화살표를 그려 로봇의 미로 탈출을 도와주세요.

화살표 명령어 → ↓ → ↓ ← ↓ → → ↑

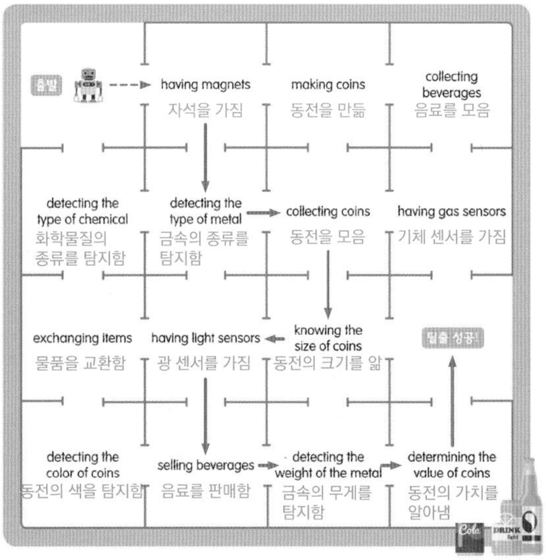

앤디 워홀에 관해서 알고 있나요? 네 아니요
Q Do you know about Andy Warhol? Yes ☐ No ☐

UNIT 03 미술

Andy Warhol: Art and Money

앤디 워홀: 예술과 돈

Subject Words QR코드를 이용하여 단어를 듣고 따라 읽어보세요.

More Words QR코드를 이용하여 단어와 예문을 듣고 따라 읽어보세요.

It costs twenty dollars.
그것은 20달러입니다.

These students wear everyday clothes.
이 학생들은 일상복을 입고 있습니다.

There are some objects on the table.
탁자에 몇몇의 물건들이 있습니다.

The boy collects bottles.
그 소년은 병을 모읍니다.

This pattern is unique.
이 무늬는 독특합니다.

She is a popular artist.
그녀는 인기 있는 예술가입니다.

Vocabulary Check

Subject Words 그림과 뜻을 보고 알맞은 단어를 쓰세요.

1 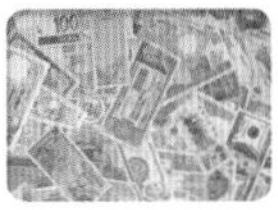
지폐
bill

2 
예술가
artist

3 
달러
dollar

4 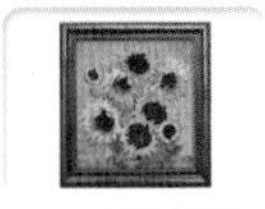
예술품
artwork

5 
그림; 사진
picture

More Words 우리말에 맞는 문장이 되도록 알맞은 단어를 고르세요.

1 그것은 20달러입니다. It sells / costs twenty dollars.
2 그 소년은 병을 모읍니다. The boy collects bottles / cans .
3 이 학생들은 일상복을 입고 있습니다. These students wear day / everyday clothes.
4 이 무늬는 독특합니다. This pattern is unique / smart .
5 그녀는 인기 있는 예술가입니다. She is a popular / famous artist.
6 탁자에 몇몇의 물건들이 있습니다. There are some magnets / objects on the table.

Andy Warhol: Art and Money

앤디 워홀: 예술과 돈

There is a picture of a one dollar bill. 1 달러 지폐의 그림이 하나 있습니다.
Does it cost a dollar? No. 그것은 값이 1 달러 일까요? 아닙니다.
It sold for 32.8 million dollars! 그것은 3천2백8십만 달러에 팔렸습니다.
This is because it's a very famous picture. 왜냐하면 그것은 매우 유명한 그림이기 때문입니다.
The picture is *One Dollar Bill* by Andy Warhol. 그 그림은 앤디 워홀의 〈1 달러 지폐〉입니다.
앤디 워홀 앤디 워홀 <1달러 지폐>

Key Grammar 전치사 of

There is a picture of a one dollar bill. 1달러 지폐 한 장의 그림이 있습니다.

명사 앞에서 다른 명사와의 관계를 나타내는 말을 '전치사'라고 합니다. 전치사 'of'는 '~의'라는 뜻으로, 어떤 사람이나 사물에 속하거나 그것과 관련된 것을 나타낼 때 씁니다.

예 We saw a picture of Mina. 우리는 Mina의 사진을 보았습니다.
The paintings of Monet are famous. 모네의 그림들은 유명합니다.

Warhol was a famous artist from America. 워홀은 미국 출신의 유명한 예술가입니다.
He loved money. 그는 돈을 사랑했습니다.
So he used money in his artwork. 그래서 그는 그의 예술품에 돈을 사용했습니다.

He used everyday objects too. 그는 일상적인 물건도 사용했습니다.
He painted pictures of bottles and cans. 그는 병과 캔의 그림들도 그렸습니다.

His artwork was unique. 그의 예술품은 독특했습니다.
He became very popular. 그는 매우 인기가 많아졌습니다.
And he made a lot of money too! 그리고 그는 많은 돈도 벌었습니다!

무엇이든지 예술이 될 수 있어!

유명한 영화배우 마릴린 먼로의 얼굴이 여러 색깔로 인쇄된 그림이나, 수프 캔을 여러 개 반복해서 그린 그림을 본 적 있나요? 모두 앤디 워홀의 작품이에요. 앤디 워홀은 그뿐만 아니라 콜라병, 달러 지폐 등 사람들에게 친근한 소재로 다양한 작품을 만들었어요. 그는 어렵고 지루할 수도 있는 예술을 많은 사람들이 더 쉽게 즐길 수 있도록 만들어 주었답니다.

Comprehension Check

1 다음 질문의 답으로 가장 적절한 것을 골라 보세요.

ⓐ 이 글의 주제는 무엇인가요?

① the most famous artist 가장 유명한 예술가

② the value of a dollar bill 1 달러 지폐의 가치

③ ✓ an artist and his artwork 예술가와 그의 예술품

ⓑ 앤디 워홀(Andy Warhol)의 작품 <1달러 지폐>의 가격은 얼마인가요?

① 1 dollar 1 달러 ② 10 thousand dollars 1만 달러 ③ ✓ 32.8 million dollars 3천2백8십만 달러

ⓒ 앤디 워홀(Andy Warhol)에 관한 설명으로 알맞지 않은 것은 무엇인가요?

① He loved money. 그는 돈을 사랑했습니다.

② He painted bottles and cans. 병과 캔을 그렸습니다.

③ ✓ He only used unique objects. 그는 독특한 물건들만 사용했습니다.

2 다음 문장을 읽고 맞으면 T, 틀리면 F에 표시하세요.

① Andy Warhol was an artist from France. 앤디 워홀은 프랑스 출신의 예술가였습니다. T / (F)

② Andy Warhol painted everyday objects. 앤디 워홀은 일상적인 물건을 그렸습니다. (T) / F

③ Andy Warhol's artwork was unique. 앤디 워홀의 예술품은 독특했습니다. (T) / F

3 다음 질문에 알맞은 답이 되도록 빈칸에 들어갈 말을 본문에서 찾아 써보세요.

왜 앤디 워홀은 자신의 예술품에 돈을 사용했나요?

Q Why did Andy Warhol use money in his artwork?

A It was because he __loved__ __money__.

왜냐하면 그는 돈을 사랑했기 때문입니다.

Brain Power

QR 찍고 힌트 보기

흥미로운 미션을 풀고 코딩을 위한 사고력도 길러보세요!

절차적 사고력 원통 안에 구슬들이 들어있습니다. 각 구슬에는 알파벳이 적혀있고, 각 알파벳에는 점수가 정해져 있어요. ①~③번의 점수 합계를 보고, 물음표에 어떤 구슬들이 들어갈지 맞혀보세요. 그리고 그 구슬들로 단어를 만들고 뜻도 함께 써보세요.

점수표

A	1
C	2
I	3
K	4
O	5
R	6
S	7
T	8
W	9

① ? R ? ? ? ? 점수 합계 : 33점

→ 단어: ARTIST 뜻: 예술가

② ? ? ? ? ? ? K 점수 합계 : 39점

→ 단어: ARTWORK 뜻: 예술품

③ ? O ? ? 점수 합계 : 22점

→ 단어: COST 뜻: 값, (값이) ~이다

지갑에 얼마의 돈을 가지고 있나요?

Q How much money do you have in your wallet?

UNIT 04 수학

How Can I Pay? 나는 어떻게 지불할 수 있나요?

Subject Words QR코드를 이용하여 단어를 듣고 따라 읽어보세요.

More Words QR코드를 이용하여 단어와 예문을 듣고 따라 읽어보세요.

There is no money in my wallet. 내 지갑에는 돈이 없습니다.

He works at a convenience store. 그는 편의점에서 일합니다.

Let's buy some snacks. 우리 간식을 좀 삽시다.

The total cost is 15 dollars. 총 비용은 15 달러 입니다.

The price of each item is different. 각 물건의 가격은 다릅니다.

You can help people in many ways. 당신은 여러 방법으로 사람들을 도울 수 있습니다.

Vocabulary Check

Subject Words 그림과 뜻을 보고 알맞은 단어를 쓰세요.

① 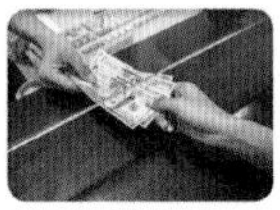

지불하다 __pay__

② 

사다 __buy__

③ 

점원 __clerk__

④ 

계산하다 __calculate__

More Words 우리말에 맞는 문장이 되도록 알맞은 단어를 고르세요.

① 총 비용은 15달러입니다. The (total) / tall cost is 15 dollars.

② 우리 간식을 좀 삽시다. Let's buy some snakes / (snacks).

③ 각 물건의 가격은 다릅니다. The rice / (price) of each item is different.

④ 그는 편의점에서 일합니다. He works at a jewelry store / (convenience store).

⑤ 내 지갑에는 돈이 없습니다. There is no money in my artwork / (wallet).

⑥ 당신은 여러 방법으로 사람들을 도울 수 있습니다. You can help people in many (ways) / weights.

지문을 듣고 따라 읽어보세요.

How Can I Pay? 나는 어떻게 지불할 수 있나요?

Jenny has two 1,000-won bills in her wallet.
Jenny는 지갑에 1000원 지폐 두 장을 가지고 있습니다.
She also has twelve coins.
그녀는 또한 12개의 동전을 가지고 있습니다.
There are two 500-won coins and ten 100-won coins.
500원 동전 두 개와 100원 동전 열 개가 있습니다.

Jenny goes to a convenience store. Jenny는 편의점에 갑니다.

She buys some snacks. 그녀는 몇몇 간식들을 삽니다.

The clerk calculates the cost. 점원이 가격을 계산합니다.

The total price is 2,500 won. 총 가격은 2500원입니다.

Key Grammar 조동사 could

How could Jenny pay 2,500 won? Jenny는 2,500원을 어떻게 지불할 수 있을까요?

조동사 'could'는 '~할 수(도) 있습니다'라는 뜻으로, 가능성을 나타낼 때 씁니다. could 뒤에는 반드시 동사원형을 씁니다.

예 Jisu could be at home now. Jisu는 지금 집에 있을 수도 있습니다.
The baby could fall down. 아기가 넘어질 수도 있습니다.

Jenny는 2500원을 어떻게 지불할 수 있을까요?
그녀는 1000원 지폐 두 장과 500원 동전 하나를 지불할 수 있습니다.
또 다른 방법이 있을까요?

How could Jenny pay 2,500 won?

She could pay with two 1,000-won bills and one 500-won coin.

Is there another way?

그녀는 지폐 한 장과 동전 일곱 개로 지불할 수도 있습니다.
그 동전들은 500원 두 개와 100원 다섯 개입니다.

She could pay with one bill and seven coins.

The coins are two 500-won coins and five 100-won coins.

There are some other ways too. 몇몇 다른 방법들도 있습니다.

Can you find them? 그것들을 찾을 수 있나요?

1998년도에 만들어진 500원짜리 동전 있는 사람?

우리가 쓰는 지폐와 동전은 어디에서 만들까요? 바로 한국은행이에요. 한국은행은 매년 지폐와 동전을 만들어요. 500원 동전은 매년 수천만 개씩 만들지만, 1998년에는 단 8천 개만 만들었어요. 희귀한 동전을 모으는 동전 수집가들은 8천 개밖에 없는 1998년산 500원 동전을 수십만 원에 사고판다고 합니다. 500원 동전 하나에 수십만 원이라니, 500원의 몇 배인 거죠?

Comprehension Check

1 다음 질문의 답으로 가장 적절한 것을 골라 보세요.

ⓐ 이 글의 주제는 무엇인가요?

✔ paying 2,500 won in different ways 다양한 방법으로 2500원 지불하기
② buying snacks at a convenience store 편의점에서 간식 사기
③ the difference between coins and bills 동전과 지폐의 다른 점

ⓑ Jenny는 총 몇 개의 100원짜리 동전을 가지고 있나요?

① two 두 개 ✔ ten 열 개 ③ twelve 열두 개

ⓒ 다음 중 합이 2,500원이 되지 않는 것은 무엇인가요?

① two 1,000-won bills, one 500-won coin
1000원 지폐 두 장, 500원 동전 한 개
② one 1,000-won bill, two 500-won coins, and five 100-won coins
1000원 지폐 한 장, 500원 동전 두 개, 100원 동전 다섯 개
✔ one 1,000-won bill, five 500-won coins, and two 100-won coins
1000원 지폐 한 장, 500원 동전 다섯 개, 100원 동전 두 개

2 다음 문장을 읽고 맞으면 T, 틀리면 F에 표시하세요.

① Jenny has 4,000 won in total. (T) F
Jenny는 총 4000원을 가지고 있습니다.
② Jenny has a total of twelve coins. (T) F
Jenny는 총 열두 개의 동전을 가지고 있습니다.
③ Jenny could pay the 2,500 won in only two ways. T (F)
Jenny는 오직 두 가지 방법으로 2500원을 지불할 수 있습니다.

3 다음 질문에 알맞은 답이 되도록 빈칸에 들어갈 말을 본문에서 찾아 써보세요.

Jenny가 2500원을 지불할 수 있는 다른 방법은 무엇인가요?

Q What other ways could Jenny pay 2,500 won?

A ① She could pay with __two__ 1,000-won bills and __five__ 100-won coins.
② She could pay with one 1,000-won bill, one 500-won coin, and __ten__ 100-won coins.

① 그녀는 1000원 지폐 두 장, 100원 동전 다섯 개로 지불할 수 있습니다.
② 그녀는 1000원 지폐 한 장, 500원 동전 한 개, 100원 동전 열 개로 지불할 수 있습니다.

QR 찍고 힌트 보기

Brain Power

흥미로운 미션을 풀고 코딩을 위한 사고력도 길러보세요!

문제 해결력 네 명의 친구들이 편의점에서 과자를 사려고 해요. 과자의 가격에 알맞게 돈을 낸 사람만 과자를 먹을 수 있어요. 과자를 먹지 못하는 친구를 찾고, 그 친구가 할 말로 알맞은 것을 골라보세요.

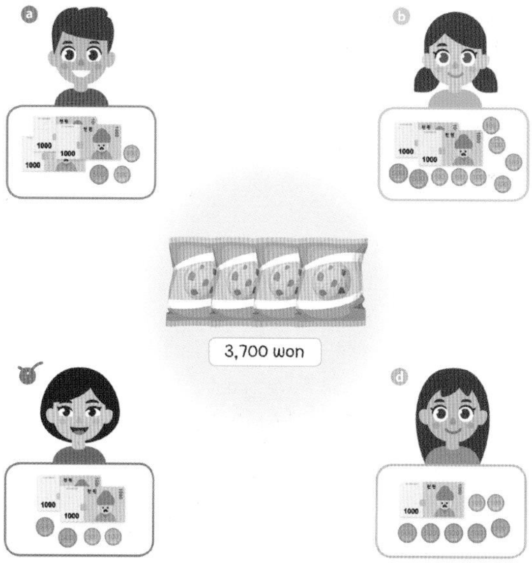

I need one more bill / (500-won coin) / 100-won coin !
나는 500원 동전 한 개가 더 필요해!

Wrap UP!

Unit 01 오늘날의 돈이 만들어지게 된 역사에 관하여 알맞은 설명이 되도록 보기에서 알맞은 말을 골라 빈칸을 채우세요.

보기 rice melts metal exchanged salt value

The History of Money

People exchanged their items.
사람들은 물품을 교환했습니다.

But the value of each item was different.
하지만 각 물품의 가치가 달랐습니다.

People started using salt and rice as money.
사람들은 소금과 쌀을 돈으로 사용하기 시작했습니다.

But salt melts easily and the rice was too heavy.
하지만 소금은 쉽게 녹고 쌀은 너무 무거웠습니다.

People made money out of metal!
사람들은 금속으로 돈을 만들었습니다.

기억이 안 난다면? 12쪽으로 이동하세요.

Unit 02 한 소년이 자판기에게 질문을 하고 있습니다. 각 질문에 대한 알맞은 답을 연결해보세요.

Q1. Can you determine the value of each coin?
너는 각 동전의 가치를 알아낼 수 있니?

How do you measure the size of the coin?
너는 동전의 크기를 어떻게 측정하니?

How do you detect the type of metal?
너는 금속의 종류를 어떻게 탐지하니?

A. I use my light sensors.
나는 나의 광 센서를 사용해.

A. Yes. I have light sensors and magnets.
응. 나는 광 센서와 자석을 가지고 있어.

A. I use my magnets.
나는 나의 자석을 사용해.

기억이 안 난다면? 18쪽으로 이동하세요.

Unit 03 보기에서 알맞은 말을 골라 앤디 워홀(Andy Warhol)을 소개하는 글을 완성하세요.

보기 artwork unique bottles artist everyday

Andy Warhol

- Andy Warhol was a famous artist from America.
  앤디 워홀은 미국 출신의 유명한 예술가입니다.
- He loved money, so he used money in his artwork.
  그는 돈을 사랑해서, 그의 예술품에 돈을 사용했습니다.
- He painted a picture of a dollar bill.
  그는 1 달러 지폐의 그림을 그렸습니다.
- He used other everyday objects, like bottles and cans.
  그는 병이나 캔과 같은 일상의 물건을 사용했습니다.
- His artwork was unique.
  그의 예술품은 독특했습니다.

기억이 안 난다면? 24쪽으로 이동하세요.

Unit 04 그림에 맞는 단어가 되도록 연결하고 단어의 뜻을 써보세요.

① wal	② calc	③ pr	④ cl	⑤ sn
ice 뜻: 값, 가격	ack 뜻: 간식	ulate 뜻: 계산하다	let 뜻: 지갑	erk 뜻: 점원

기억이 안 난다면? 30쪽으로 이동하세요.

쉬어가기

다음 두 도형을 합쳤을 때 나오는 도형을 그려보세요.

①

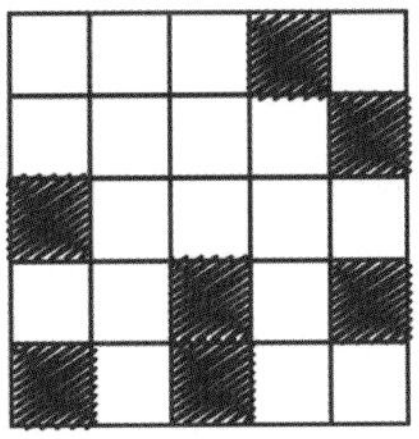 + 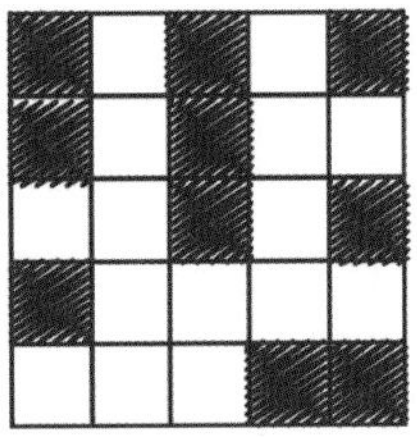

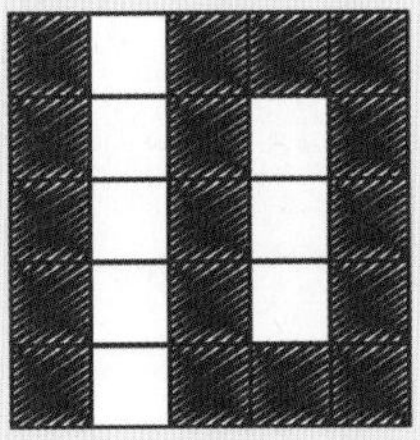

②

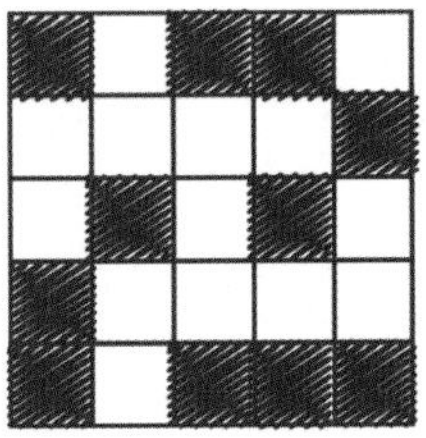 + 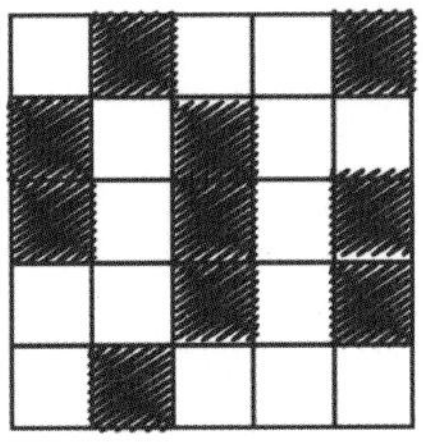

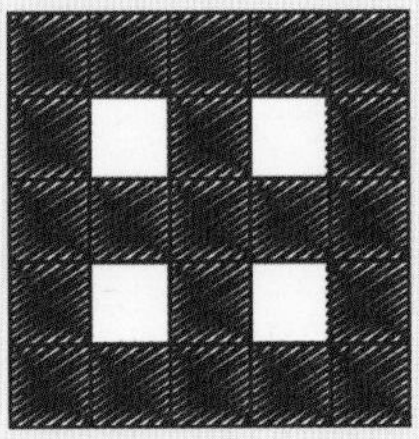

짠 음식을 좋아하나요? 네 아니요
Do you like salty food? Yes ☐ No ☐

UNIT 01 사회

Salt, the White Gold 소금, 흰색 금

Subject Words QR코드를 이용하여 단어를 듣고 따라 읽어보세요.

More Words QR코드를 이용하여 단어와 예문을 듣고 따라 읽어보세요.

The test was difficult.
그 시험은 어려웠습니다.

He wants to be a soldier.
그는 군인이 되기를 원합니다.

People pay taxes.
사람들은 세금을 냅니다.

He is putting money into the machine.
그는 기계에 돈을 넣고 있습니다.

Sunlight is necessary for plants.
햇빛은 식물에게 필요합니다.

This is the happiest time of my life.
지금이 내 인생에서 가장 행복한 시간입니다.

Vocabulary Check

Subject Words 그림과 뜻을 보고 알맞은 단어를 쓰세요.

1 
과거
past

2 
오늘날
today

3 
희귀한
rare

4 
흔한; 보통의
common

5 
귀중한
valuable

6 
(값이) 싼
cheap

7 
소금
salt

More Words 우리말에 맞는 문장이 되도록 알맞은 단어를 고르세요.

1 사람들은 세금을 냅니다. People pay (taxes / costs).
2 그는 군인이 되기를 원합니다. He wants to be a (soldier / hunter).
3 햇빛은 식물에게 필요합니다. Sunlight is (normal / necessary) for plants.
4 그 시험은 어려웠습니다. The test was (difficult / different).
5 지금이 내 인생에서 가장 행복한 시간입니다. This is the happiest time of my (history / life).
6 그는 기계에 돈을 넣고 있습니다. He is putting money into the (machine / wallet).

지문을 듣고 따라 읽어보세요.

Salt, the White Gold 소금, 흰색 금

In the past, salt was very rare.
People collected salt from seas and mountains.
It was difficult.
And it took a long time.

과거에는 소금이 매우 희귀했습니다.
사람들은 소금을 바다와 산에서 모았습니다.
그것은 어려웠습니다.
그리고 그것은 긴 시간이 걸렸습니다.

People couldn't get salt easily.
So salt was very valuable.
It was as valuable as gold!

사람들은 소금을 쉽게 얻을 수 없었습니다.
그래서 소금은 매우 귀중했습니다.
그것은 금만큼 귀중했습니다!

Key Grammar as 형용사 as ~

Salt was as valuable as gold! 소금은 금만큼 귀중했습니다!

'as 형용사 as ~'는 '~만큼 (형용사)한'이라는 뜻으로, 두 비교 대상이 비슷할 때 쓰는 비교 표현이에요.

예) I am as tall as you. 나는 당신만큼 키가 큽니다.
Your dress is as unique as my dress. 당신의 드레스는 내 드레스만큼 독특합니다.

그래서 사람들은 소금을 돈으로 사용했습니다.
로마에서, 군인들은 소금으로 봉급을 받았습니다.
프랑스에서, 사람들은 소금으로 세금을 냈습니다.

So people used salt as money.
In Rome, soldiers got paid in salt.
In France, people paid taxes with salt.

Today people collect salt with machines.
It is easier and faster than before.
Salt is common and cheap now.
But it is still as necessary as water in our lives.

오늘날 사람들은 기계로 소금을 모읍니다.
그것은 예전보다 더 쉽고 더 빠릅니다.
소금은 지금 흔하고 값이 쌉니다.
하지만 이것은 여전히 우리의 삶에 물만큼 필요합니다.

Salary(봉급)의 어원이 Salt(소금)?

'급여', '봉급'이라는 의미의 영어 단어는 Salary예요. 그런데 이 단어가 소금을 뜻하는 Salt라는 단어에서 파생되었다는 사실 알고 있나요? 이야기에서도 나왔듯이 로마제국 시절 병사들은 봉급을 소금으로 받았어요. 당시 소금은 귀했기에 화폐의 역할을 했었죠. 때문에 Salt라는 단어에서 라틴어인 Salarium(봉급)이라는 단어가 파생되었고, 오늘날 영어로 '급여', '봉급'의 의미인 Salary가 탄생한 것이랍니다.

Comprehension Check

1 다음 질문의 답으로 가장 적절한 것을 골라 보세요.

ⓐ 이 글의 주제는 무엇인가요?

① how to get salt from the sea 바다에서 소금을 얻는 방법
② the difference between salt and gold 소금과 금의 차이점
③ ✔ the value of salt in the past and today 과거와 오늘날의 소금의 가치

ⓑ 과거에 군인이 봉급으로 소금을 받았던 나라는 어디인가요?

① ✔ Rome 로마 ② France 프랑스 ③ China 중국

ⓒ 과거에 소금을 얻었던 방식으로 알맞지 않은 것은 무엇인가요?

① People got salt from the sea. 사람들은 바다에서 소금을 얻었습니다.
② ✔ Collecting salt was difficult but fast. 소금을 모으는 것은 어려웠지만 빨랐습니다.
③ People collected salt from mountains. 사람들은 산에서 소금을 모았습니다.

2 다음 문장을 읽고 맞으면 T, 틀리면 F에 표시하세요.

① Some people paid taxes with salt in the past. 과거에 어떤 사람들은 소금으로 세금을 냈습니다. (T) F
② Today salt is still very rare and valuable. 오늘날 소금은 여전히 매우 희귀하고 귀중합니다. T (F)
③ Salt is as necessary as water in our lives. 소금은 우리의 삶에서 물만큼 필요합니다. (T) F

3 다음 질문에 알맞은 답이 되도록 빈칸에 들어갈 말을 본문에서 찾아 써보세요.

과거에 왜 사람들은 소금을 돈으로 사용했나요?
Q Why did people use salt as money in the past?
A It was because salt was very __rare__ and as valuable as __gold__.
왜냐하면 소금은 매우 희귀하고 금만큼 귀중했기 때문입니다.

Brain Power

QR 찍고 힌트 보기

흥미로운 미션을 풀고 코딩을 위한 사고력도 길러보세요!

논리적 사고력 세 명의 친구들이 단어 맞히기 게임을 하고 있습니다. 연습 게임을 참고하여 나머지 단어를 맞히고, 두 단어를 이용하여 아래 말풍선을 알맞게 채워보세요.

연습 게임

4글자의 단어야.
a와 t 사이에는 s가 있어.
a의 양 옆에 p와 s가 있어.

정답은 과거 라는 뜻의 past 야!

ⓐ c로 시작하고 p로 끝나.
h의 양 옆에는 c와 e가 있어.
a의 양 옆에는 e와 p가 있어.

정답은 (값이) 싼 (이)라는 뜻의 C H E A P (이)야!

ⓑ v와 l 사이에는 a가 있어.
u의 양 옆에는 l과 a가 있어.
e로 끝나는 단어야.
b는 a와 l 사이에 있어.

정답은 귀중한 (이)라는 뜻의 V A L U A B L E (이)야!

In the past ...

Salt was VALUABLE.
소금은 귀중했습니다.

Today ...

Salt is CHEAP.
소금은 값이 쌉니다.

언 바다를 본 적이 있나요? 네 아니요
Q Have you seen a frozen sea? Yes ☐ No ☐

UNIT 02 과학

Does the Sea Freeze? 바다는 어나요?

Subject Words QR코드를 이용하여 단어를 듣고 따라 읽어보세요.

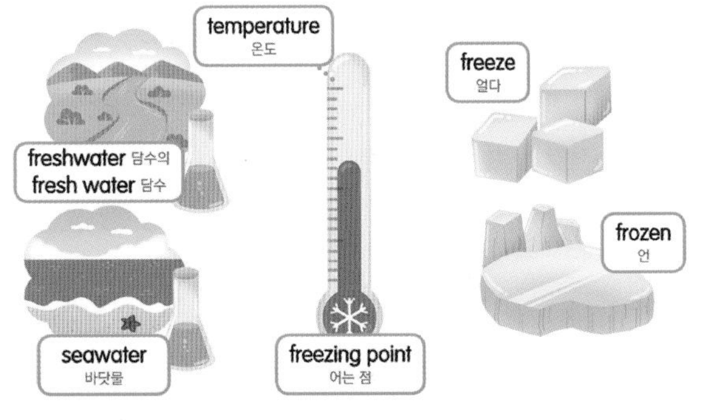

More Words QR코드를 이용하여 단어와 예문을 듣고 따라 읽어보세요.

There is a large lake in the mountains.
산속에 큰 호수가 있습니다.

Jenny goes skating with Joe.
Jenny는 Joe와 스케이트를 타러 갑니다.

A girl is riding a bike.
한 소녀가 자전거를 타고 있습니다.

The kids are riding a sled.
그 아이들은 썰매를 타고 있습니다.

Something happened in the video.
그 영상 안에서 무슨 일이 발생했습니다.

Please lower the temperature.
온도를 낮춰주세요.

Vocabulary Check

Subject Words 그림과 뜻을 보고 알맞은 단어를 쓰세요.

①  얼다 freeze
② 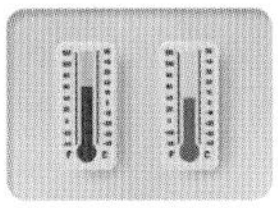 온도 temperature
③ 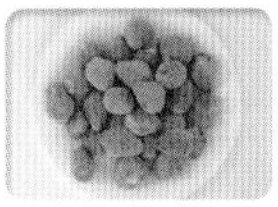 언 frozen
④  바닷물 seawater
⑤  담수 fresh water
⑥ 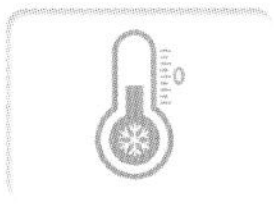 어는 점 freezing point

More Words 우리말에 맞는 문장이 되도록 알맞은 단어를 고르세요.

① 한 소녀가 자전거를 타고 있습니다. A girl is (riding) / falling a bike.
② 온도를 낮춰주세요. Please raise / (lower) the temperature.
③ 그 영상 안에서 무슨 일이 발생했습니다. Something (happened) / detected in the video.
④ 그 아이들은 썰매를 타고 있습니다. The kids are riding a bike / (sled).
⑤ 산속에 큰 호수가 있습니다. There is a large (lake) / pond in the mountains.
⑥ Jenny는 Joe와 스케이트를 타러 갑니다. Jenny goes (skating) / painting with Joe.

지문을 듣고 따라 읽어보세요.

Does the Sea Freeze? 바다는 어나요?

Rivers freeze in winter.

Lakes and ponds also freeze in winter.

So we go skating or ride sleds on the frozen lakes.

겨울에는 강이 업니다.
겨울에는 호수와 연못 또한 업니다.
그래서 우리는 언 호수에서 스케이트를 타거나 썰매를 탑니다.

What about the sea?

The sea can also freeze.

But it doesn't happen often.

바다는 어떤가요?
바다 또한 얼 수 있습니다.
하지만 그것은 자주 발생하지 않습니다.

Key Grammar 부사 also

Lakes and ponds also freeze in winter. 겨울에는 호수와 연못 또한 업니다.

'also'는 '또한', '게다가'라는 뜻의 부사로, 동사의 앞이나 be동사, can과 같은 조동사 뒤에 씁니다.

예 I like apples. I also like oranges. 나는 사과를 좋아합니다. 나는 또한 오렌지도 좋아합니다.
I can play the piano. I can also play the violin. 나는 피아노를 칠 수 있습니다. 나는 또한 바이올린도 켤 수 있습니다.

Most rivers are freshwater. 대부분의 강은 담수입니다.

Fresh water freezes at 0°C. 담수는 섭씨 0도에서 업니다.

But seawater is different.

It freezes at a lower temperature, -2°C.

That's because seawater has salt in it.

Salt lowers the freezing point of seawater.

하지만 바닷물은 다릅니다.
그것은 더 낮은 온도인 섭씨 영하 2도에서 업니다.
그것은 바닷물은 그 안에 소금을 가지고 있기 때문입니다.
소금은 바닷물의 어는 점을 낮춥니다.

라면 조리법에 숨겨진 과학

담수와 소금물은 어는점이 다르듯이, 끓는점도 다르답니다. 담수가 100°C에서 끓기 시작하는 반면, 소금물은 더 높은 온도에서 끓기 시작한대요. 우리는 라면을 끓일 때 이런 점을 활용할 수 있는데요. 물이 끓기 전 라면 스프를 먼저 넣으면, 라면 스프 속 염분 때문에 물만 끓일 때보다 더 높은 온도에서 끓기 시작해요. 라면은 높은 온도에서 끓일수록 쫄깃해지니, 더 쫄깃한 라면을 먹을 수 있답니다!

Comprehension Check

1 다음 질문의 답으로 가장 적절한 것을 골라 보세요.

ⓐ 이 글의 주제는 무엇인가요?

① popular winter sports 인기 있는 겨울 스포츠
② why fresh water freezes at a lower temperature 담수가 더 낮은 온도에서 어는 이유
✓③ the difference between fresh water and seawater 담수와 바닷물 사이의 차이점

ⓑ 다음 중 담수가 아닌 것은 무엇인가요?

① river 강 ② lake 호수 ✓③ sea 바다

ⓒ 바닷물에 관한 설명으로 알맞은 것은 무엇인가요?

① Seawater freezes at 0°C. 바닷물은 섭씨 0도에서 업니다.
✓② Salt lowers the freezing point of seawater. 소금은 바닷물의 어는 점을 낮춥니다.
③ Rivers, lakes, and ponds are close to seawater. 강, 호수, 그리고 연못은 바닷물에 가깝습니다.

2 다음 문장을 읽고 맞으면 T, 틀리면 F에 표시하세요.

① Lakes freeze in winter. 겨울에는 호수가 업니다. (T) F
② Seawater has salt in it. 바닷물은 그 안에 소금을 가지고 있습니다. (T) F
③ Fresh water freezes at 2°C. 담수는 섭씨 2도에서 업니다. T (F)

3 다음 질문에 알맞은 답이 되도록 빈칸에 들어갈 말을 본문에서 찾아 써보세요.

왜 바닷물은 섭씨 영하 2도에서 어나요?
Q Why does seawater freeze at -2°C?

A Seawater has __salt__ in it. And it lowers the __freezing__ point of seawater.
바닷물은 그 안에 소금을 가지고 있습니다. 그리고 그것이 바닷물의 어는 점을 낮춥니다.

QR 찍고 힌트 보기

Brain Power

흥미로운 미션을 풀고 코딩을 위한 사고력도 길러보세요!

1 추상화 사고력 알파벳 표의 정중앙에 찍힌 점을 기준으로 노란색 모양을 180도 시계방향으로 돌려보세요. 그때 노란색 모양이 가리는 알파벳들로 단어를 만들고, 뜻도 써보세요.

o	d	s	q	r	a	f	e
y	r	t	p	k	f	z	i
x	a	u	o	l	r	q	n
w	e	v	n	o	d	o	g
q	z	k	f	e	h	r	b
t	s	r	i	g	e	r	w
l	p	j	k	i	k	z	h
b	h	c	d	u	f	j	e

단어: freeze
뜻: 얼다

2 문제 해결력 올바른 정보가 적힌 방만 통과할 수 있는 로봇이 있습니다. 로봇이 출구를 찾아간 경로를 알맞게 그려보세요.

UNIT 03 미술

Huge Artwork Made of Salt

소금으로 만든 거대한 예술품

Subject Words QR코드를 이용하여 단어를 듣고 따라 읽어보세요.

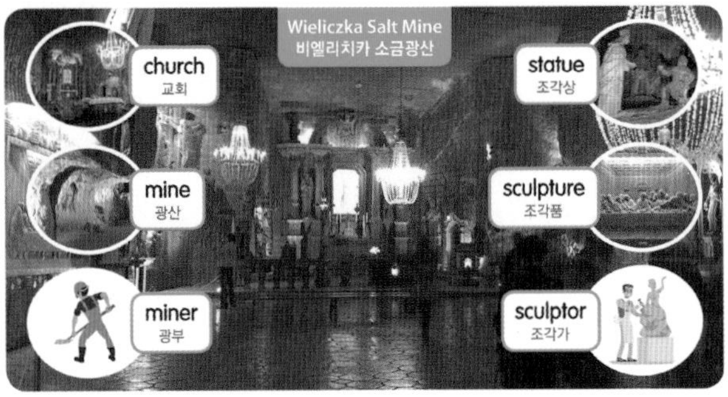

More Words QR코드를 이용하여 단어와 예문을 듣고 따라 읽어보세요.

The castle is on top of a mountain.
그 성은 산 꼭대기에 있습니다.

They will sleep at the hotel.
그들은 그 호텔에서 잘 것입니다.

Dolphins swim in the deep sea.
돌고래는 깊은 바다에서 헤엄칩니다.

The six dolls are different heights.
여섯 개의 인형들은 높이가 다릅니다.

The statue is so amazing.
그 조각상은 정말 놀랍습니다.

We often visit our grandparents.
우리는 우리의 조부모님 댁에 자주 방문합니다.

Vocabulary Check

Subject Words 그림과 뜻을 보고 알맞은 단어를 쓰세요.

1 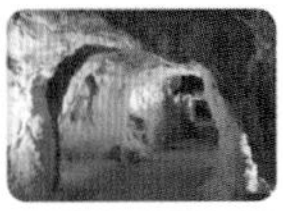
광산
mine

2 
조각상
statue

3 
교회
church

4 
조각품
sculpture

5 
조각가
sculptor

6 
광부
miner

More Words 우리말에 맞는 문장이 되도록 알맞은 단어를 고르세요.

1 그 조각상은 정말 놀랍습니다. The statue is so (amazing / famous).
2 돌고래는 깊은 바다에서 헤엄칩니다. Dolphins swim in the (deep / long) sea.
3 여섯 개의 인형들은 높이가 다릅니다. The six dolls are different (weights / heights).
4 그들은 그 호텔에서 잘 것입니다. They will sleep at the (hotel / church).
5 그 성은 산 꼭대기에 있습니다. The (castle / kingdom) is on top of a mountain.
6 우리는 우리의 조부모님 댁에 자주 방문합니다. We often (call / visit) our grandparents.

소금으로 만든 거대한 예술품

What do you think this place is? 이 장소가 무엇이라고 생각하나요?

A castle? A hotel? 성? 호텔?

No. It's an old salt mine in Poland. 아닙니다. 이것은 폴란드의 오래된 소금광산입니다.

비엘리치카 소금광산의 내부

The mine is really huge.

It is 327 meters deep.

It is as deep as the height of the Eiffel Tower.

It even has a small lake.

그 광산은 정말 거대합니다.
그것은 깊이가 327미터입니다.
그것은 에펠탑의 높이만큼 깊습니다.
그 광산은 심지어 작은 연못도 가지고 있습니다.

Key Grammar 부사 even

The mine even has a small lake. 그 광산은 심지어 작은 연못도 가지고 있습니다.

'even'은 '심지어 ~도[조차]'라는 뜻으로, 예상 밖이거나 놀라운 일을 표현할 때 쓰는 부사입니다.

예 I even cleaned my brother's room. 나는 심지어 남동생의 방도 청소했습니다.
He didn't even go to school. 그는 심지어 학교에 가지도 않았습니다.

우리는 조각상, 조각품, 그리고 큰 교회를 볼 수 있습니다.
그것들은 모두 소금으로 만들어졌습니다.

We can see sculptures, statues, and a big church there.

All of them are made of salt.

Now guess who made them. Artists? Sculptors?

No. They were salt miners!

Isn't it amazing?

이제 누가 그것들을 만들었는지 추측해봅시다. 예술가? 조각가?
아닙니다. 그들은 소금 광부들입니다!
놀랍지 않나요?

This salt mine is very famous. 이 소금광산은 매우 유명합니다.

Many people visit it even now. 많은 사람들이 심지어 지금도 그곳을 방문합니다.

소금은 바다에서만 날까?

우리는 소금을 어디에서 얻을까요? 흔히 바다를 떠올리지만, 사실 많은 나라들은 소금을 돌에서 얻고 있어요. 먼 옛날 바다였다가 물이 빠지면서 육지가 된 곳에는 소금이 굳어 돌이 되었는데, 이것을 '암염'이라고 해요. 소금광산에서 암염을 캐낸 후 갈면 소금 알갱이를 얻을 수 있답니다. 바다와 접하지 않은 내륙 국가들은 이러한 방법으로 소금을 얻고 있어요.

Comprehension Check

1 다음 질문의 답으로 가장 적절한 것을 골라 보세요.

ⓐ 이 글의 주제는 무엇인가요?

① the salt from a salt mine 소금광산에서 온 소금
② an old salt mine in Poland 폴란드에 있는 오래된 소금광산 ✓
③ the height of the Eiffel Tower 에펠탑의 높이

ⓑ 다음 중 폴란드의 소금광산에서 볼 수 없는 것은 무엇인가요?

① a church 교회　② sculptures 조각품　③ a castle 성 ✓

ⓒ 폴란드의 소금광산에 관한 설명으로 알맞지 않은 것은 무엇인가요?

① The salt mine is really huge. 그 소금광산은 정말 거대합니다.
② The salt mine is not famous. 그 소금광산은 유명하지 않습니다. ✓
③ There is a small lake in the salt mine. 그 소금광산에는 작은 호수가 있습니다.

2 다음 문장을 읽고 맞으면 T, 틀리면 F에 표시하세요.

① The salt mine became a hotel. 그 소금광산은 호텔이 되었습니다. T / (F)
② Famous artists made statues in the salt mine. 유명한 예술가들이 그 소금광산의 조각상을 만들었습니다. T / (F)
③ The salt mine is as deep as the height of the Eiffel Tower. 그 소금광산은 에펠탑의 높이만큼 깊습니다. (T) / F

3 다음 질문에 알맞은 답이 되도록 빈칸에 들어갈 말을 본문에서 찾아 써보세요.

누가 소금광산에 있는 조각품, 조각상, 그리고 큰 교회를 만들었나요?
Q Who made the sculptures, the statues, and the big church in the salt mine?
A Salt miners made them.
소금 광부들이 그것들을 만들었습니다.

Brain Power

QR 찍고 힌트 보기

흥미로운 미션을 풀고 코딩을 위한 사고력도 길러보세요!

1 논리적 사고력 힌트를 참고하여 주어진 직사각형을 모양과 크기가 같도록 둘로 나눠 보세요.

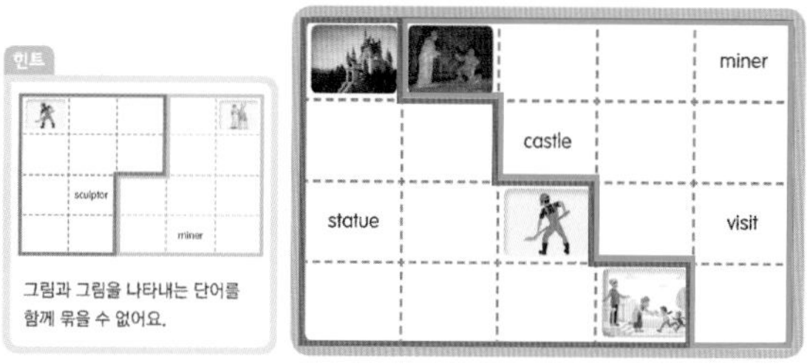

2 절차적 사고력 소금광산 벽에 암호문이 써 있습니다. 이미 해독한 암호문을 참고하여 풀지 못한 나머지 암호문을 해독해 보세요.

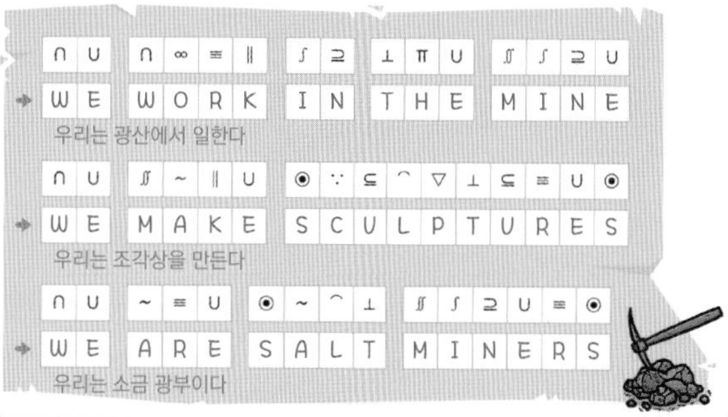

바닷물을 맛 본 적이 있나요? 네 아니요
Q Have you tasted seawater? Yes ☐ No ☐

UNIT 04 Which Seawater Is Saltier?

수학

어느 바닷물이 더 짤까요?

Subject Words QR코드를 이용하여 단어를 듣고 따라 읽어보세요.

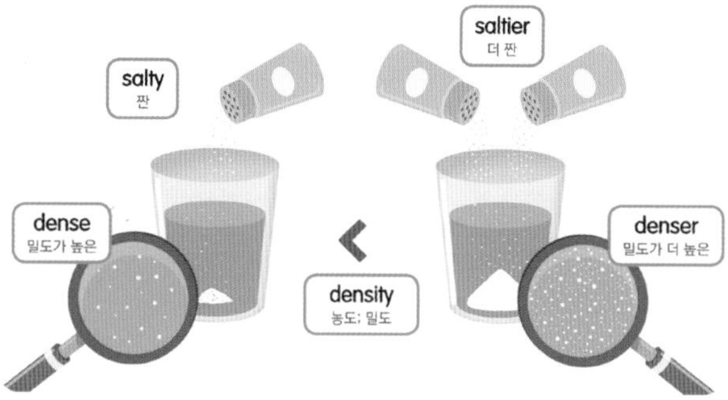

More Words QR코드를 이용하여 단어와 예문을 듣고 따라 읽어보세요.

- **here** 여기(에) — Here is a candy for you. 여기 당신을 위한 사탕 한 개가 있습니다.
- **cup** 컵 — A cup is on the table. 탁자 위에 컵 하나가 있습니다.
- **sample** 샘플 — People are eating food samples. 사람들이 샘플(시식용) 음식을 먹고 있습니다.
- **percentage** 백분율; *비율 — The percentage of girls is high. 여자 아이들의 비율이 높습니다.
- **check** 확인하다 — He is checking the amount of money. 그는 돈의 양을 확인하고 있습니다.
- **contain** ~이 들어 있다 — It contains a lot of sugar. 그것은 많은 설탕이 들어 있습니다.

Vocabulary Check

Subject Words 그림과 뜻을 보고 알맞은 단어를 쓰세요.

① 짠 — salty
② 농도; 밀도 — density
③ 더 짠 — saltier
④ 밀도가 높은 — dense
⑤ 밀도가 더 높은 — denser

More Words 우리말에 맞는 문장이 되도록 알맞은 단어를 고르세요.

① 탁자 위에 컵 하나가 있습니다. — A (cup) / can is on the table.
② 여기 당신을 위한 사탕 한 개가 있습니다. — (Here) / There is a candy for you.
③ 그것은 많은 설탕이 들어 있습니다. — It connects / (contains) a lot of sugar.
④ 그는 돈의 양을 확인하고 있습니다. — He is (checking) / detecting the amount of money.
⑤ 여자 아이들의 비율이 높습니다. — The (percentage) / temperature of girls is high.
⑥ 사람들이 샘플(시식용) 음식을 먹고 있습니다. — People are eating food (samples) / snacks .

지문을 듣고 따라 읽어보세요.

어느 바닷물이 더 짤까요?

Which Seawater Is Saltier?

Here are two cups of seawater. 여기 바닷물 두 컵이 있습니다.

They are two different seawater samples. 그것들은 두 개의 다른 바닷물 샘플입니다.

Which one is saltier? 어느 것이 더 짤까요?

The percentage of salt in seawater determines seawater's density. 바닷물 안에 있는 소금의 비율은 바닷물의 농도를 결정합니다.

Let's check the densities of the seawater in each cup.
각 컵의 바닷물의 농도를 확인해봅시다.

Key Grammar 의문형용사 which

Which seawater is saltier? 어느 소금물이 더 짠가요?

'which'는 '어느 ~' 라는 뜻으로, 의문문에서 뒤에 있는 명사를 꾸며주는 의문형용사입니다.

예 Which way is the church? 교회가 어느 방향인가요?
Which season do you like? 당신은 어느 계절을 좋아하나요?

Cup A has 200 grams of seawater. 컵 A에는 200 그램의 바닷물이 있습니다.
It contains 6 grams of salt. 그것에는 6 그램의 소금이 들어 있습니다.
Then 100 grams of seawater has 3 grams of salt. 그러면 100 그램의 바닷물은 3 그램의 소금을 가집니다.
So the density is 3%. 그래서 농도는 3 퍼센트가 됩니다.

Cup B has 50 grams of seawater. 컵 B에는 50 그램의 바닷물이 있습니다.
It contains 4 grams of salt. 그것에는 4 그램의 소금이 들어 있습니다.
Then 100 grams of seawater has 8 grams of salt. 그러면 100 그램의 바닷물은 8 그램의 소금을 가집니다.
So the density is 8%. 그래서 농도는 8 퍼센트가 됩니다.

Which one is saltier?
The seawater in cup B is denser than the seawater in cup A.
So the seawater in cup B is saltier!
어느 것이 더 짤까요?
컵 B의 바닷물이 컵 A의 바닷물보다 밀도가 더 높습니다.
그래서 컵 B의 바닷물이 더 짭니다!

이스라엘과 요르단에는 '사해'라는 소금호수가 있어요. 수영을 못해도 이곳에서는 걱정할 필요가 없어요. 누구나 쉽게 물에 뜰 수 있거든요. 이는 사해의 높은 소금 농도 때문이에요. 사해 100 g에는 30 g의 소금이 녹아 있어요. 보통 바닷물 100 g에 5 g의 소금이 녹아 있다고 하니, 사해의 소금 농도는 일반 바닷물의 6배가 되는 거예요! 이렇게 높은 바닷속 염분이 우리 몸을 둥둥 뜨게 해 준답니다.

Comprehension Check

1 다음 질문의 답으로 가장 적절한 것을 골라 보세요.

ⓐ 이 글의 주제는 무엇인가요?
① the saltiest sea in the world 세계에서 가장 짠 바다
② how to make seawater with salt 소금으로 바닷물을 만드는 방법
✔③ the density of two different seawater samples 두 개의 다른 바닷물 샘플의 농도

ⓑ 다음 중 컵 A에 들어있는 내용물과 관련 없는 것은 무엇인가요?
① 6 grams of salt 소금 6 그램
② 200 grams of seawater 바닷물 200 그램
✔③ 8% of density 8 퍼센트의 농도

ⓒ 바닷물이 담긴 컵 A와 컵 B에 대한 설명으로 알맞은 것은 무엇인가요?
① Cup A contains saltier seawater. 컵 A에는 더 짠 바닷물이 들어 있습니다.
✔② Cup B contains denser seawater. 컵 B에는 밀도가 더 높은 바닷물이 들어 있습니다.
③ Cup B contains more salt than cup A. 컵 B에는 컵 A보다 더 많은 소금이 들어 있습니다.

2 다음 문장을 읽고 맞으면 T, 틀리면 F에 표시하세요.

① The seawater in cup A contains 4 grams of salt. 컵 A의 바닷물에는 4 그램의 소금이 들어 있습니다. T (F)
② The percentage of water in seawater determines its density. 바닷물에서 물의 비율이 그것의 농도를 결정합니다. T (F)
③ The density of the seawater in cup B is higher than that of the seawater in cup A. 컵 B의 바닷물 농도가 컵 A의 바닷물 농도보다 높습니다. (T) F

3 다음 질문에 알맞은 답이 되도록 빈칸에 들어갈 말을 본문에서 찾아 써보세요.

바닷물에 있는 소금의 비율은 무엇을 결정하나요?
Q What does the percentage of salt in seawater determine?
A It determines the ___density___ of seawater.
그것은 바닷물의 농도를 결정합니다.

QR 찍고 힌트 보기

Brain Power

흥미로운 미션을 풀고 코딩을 위한 사고력도 길러보세요!

논리적 사고력 자물쇠를 열기 위해서는 두 개의 암호를 풀어야만 합니다. 단서를 참고하여 암호를 풀고, 빈칸도 모두 채워보세요.

단서

자음	t, r, s, l	4, 7, 1, 3	암호: saltier
모음	i, e, a	5, 6, 2	뜻: 더 짠

①

자음	n, t, c, n	7, 4, 1, 3	암호: contain
모음	o, a, i	2, 5, 6	뜻: ~이 들어 있다

②

자음	s, d, y, n, t	4, 1, 7, 3, 6	암호: density
모음	i, e	5, 2	뜻: 농도; 밀도

문제 해결력 두 친구의 컵에 있는 소금물의 농도를 구하려고 합니다. 각 소금물의 농도를 구하여 빈칸에 알맞은 친구의 이름을 써보세요.

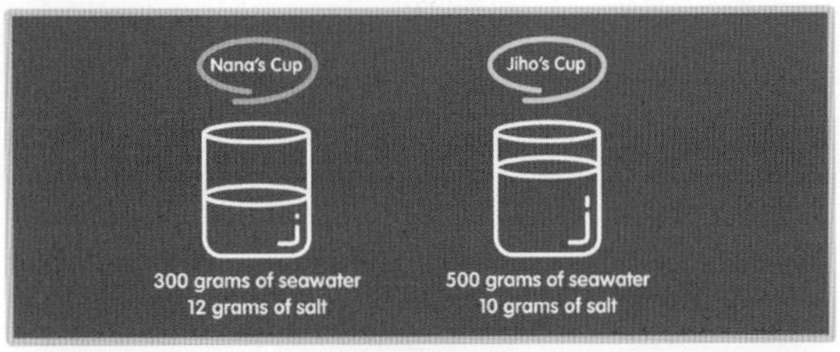

→ The seawater in Nana's cup is **denser** than the seawater in Jiho's cup.
So the seawater in Nana's cup is **saltier**!
Nana의 컵에 있는 바닷물이 Jiho의 컵에 있는 바닷물보다 밀도가 더 높습니다.
그래서 Nana의 컵에 있는 바닷물이 더 짭니다!

Wrap UP!

Unit 01 과거와 현재의 소금의 특징으로 알맞은 것을 골라 각 빈칸에 알맞은 번호를 모두 써보세요.

1. as valuable as gold
   ① 금만큼 귀중한
2. collected by machines
   ② 기계로 모으는
3. very rare
   ③ 매우 희귀한
4. collected by hand
   ④ 손으로 모으는
5. common and cheap
   ⑤ 흔하고 값이 싼

Past 과거: ①, ③, ④

Today 오늘날: ②, ⑤

기억이 안 난다면? 42쪽으로 이동하세요.

Unit 02 담수와 바닷물에 관한 알맞은 설명이 되도록 보기 에서 알맞은 말을 골라 빈칸을 완성하세요.

보기: seawater / fresh water / lowers / lakes

fresh water 담수

- rivers, lakes, and ponds
  강, 호수, 그리고 연못
- freezes at 0℃
  섭씨 0도에서 언다

seawater 바닷물

- freezes at about -2℃
  약 섭씨 영하 2도에서 언다

Why are they different?
그것들은 왜 다른가요?

It's because the salt in seawater lowers the freezing point.
왜냐하면 바닷물 안에 있는 소금이 어는 점을 낮추기 때문입니다.

기억이 안 난다면? 48쪽으로 이동하세요.

Unit 03 보기 에서 알맞은 말을 골라 빈칸을 완성하세요.

보기: height / miners / lake / huge

An Old Salt Mine in Poland...
폴란드의 소금광산은…

- really huge
  매우 거대합니다
- as deep as the height of the Eiffel Tower
  에펠탑의 높이만큼 깊습니다
- has a small lake
  작은 연못이 있습니다
- has sculptures, statues, and a big church made by salt miners
  소금 광부들에 의해 만들어진 조각품, 조각상, 그리고 큰 교회가 있습니다

기억이 안 난다면? 54쪽으로 이동하세요.

Unit 04 보기 에서 알맞은 숫자 또는 단어를 골라 바닷물의 농도에 관한 실험일지를 완성하세요.

보기: saltier / 8 / denser / 3 / density

어느 바닷물이 더 짤까요?
Which seawater is saltier?

	Cup A	Cup B
seawater	200 grams	50 grams
salt	6 grams	4 grams
density	3 %	8 %

The seawater in cup B is saltier **and** denser **than the seawater in cup A.**
컵 B의 바닷물이 컵 A의 바닷물보다 더 짜고 밀도가 더 높습니다.

기억이 안 난다면? 67쪽으로 이동하세요.

쉬어가기

물음표에 들어갈 모양으로 알맞은 것을 골라보세요.

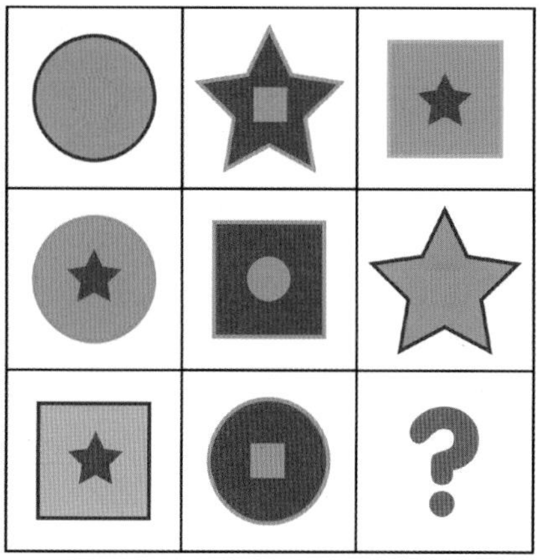

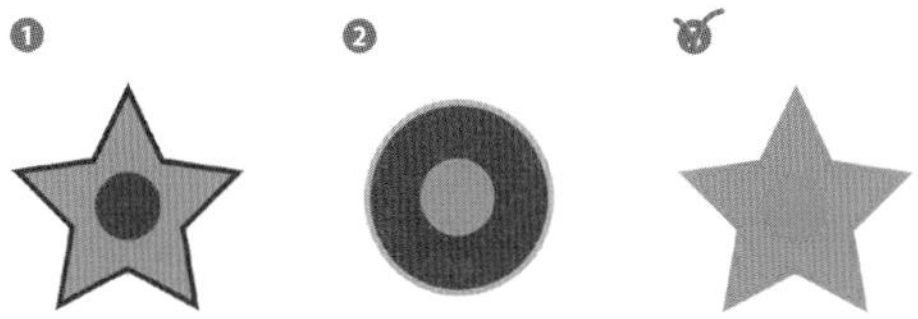

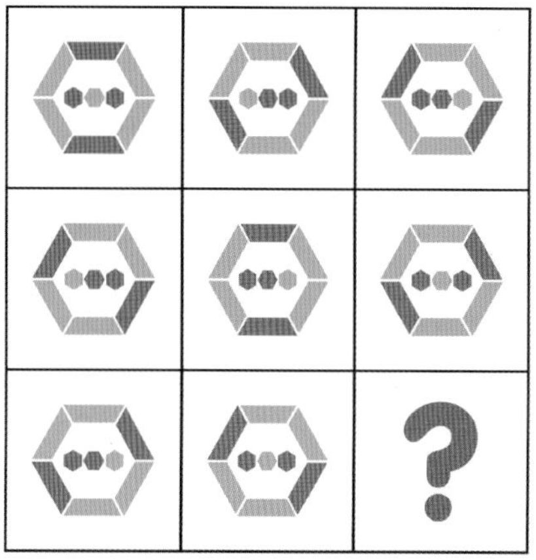

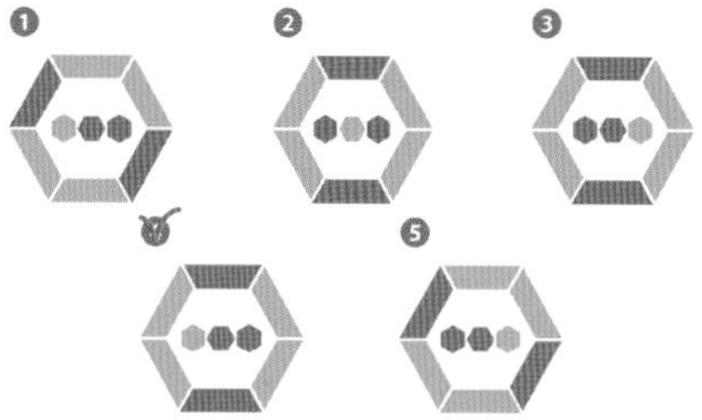

하이브리드 자동차는 무엇인가요?
Q What is a hybrid car?

UNIT 01 사회

Cars for the Environment
환경을 위한 자동차들

Subject Words QR코드를 이용하여 단어를 듣고 따라 읽어보세요.

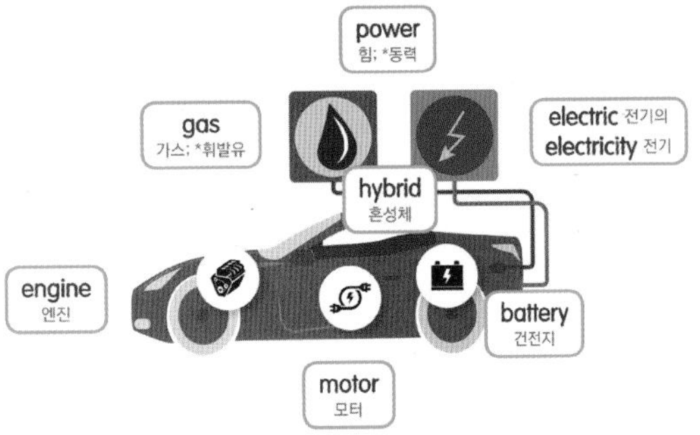

More Words QR코드를 이용하여 단어와 예문을 듣고 따라 읽어보세요.

I like regular popcorn.
나는 보통의 팝콘을 좋아합니다.

We should protect our environment.
우리는 우리의 환경을 보호해야 합니다.

I have to charge my phone.
나는 내 전화기를 충전해야 합니다.

She can't sleep because of the noise.
그녀는 소음 때문에 잘 수 없습니다.

You should be quiet in the library.
당신은 도서관에서 조용히 해야 합니다.

There are many color combinations.
많은 색 조합들이 있습니다.

Vocabulary Check

Subject Words 그림과 뜻을 보고 알맞은 단어를 쓰세요.

1 
혼성체
hybrid

2 
전기의
electric

3 
가스; *휘발유
gas

4 
엔진
engine

5 
건전지
battery

6 
전기
electricity

7 
모터
motor

8 
힘; *동력
power

More Words 우리말에 맞는 문장이 되도록 알맞은 단어를 고르세요.

1 나는 내 전화기를 충전해야 합니다. I have to change / (charge) my phone.
2 나는 보통의 팝콘을 좋아합니다. I like (regular) / rare popcorn.
3 그녀는 소음 때문에 잘 수 없습니다. She can't sleep because of the (noise) / smell .
4 많은 색 조합들이 있습니다. There are many color constellations / (combinations) .
5 당신은 도서관에서 조용히 해야 합니다. You should be (quiet) / smart in the library.
6 우리는 우리의 환경을 보호해야 합니다. We should protect our (environment) / government .

지문을 듣고 따라 읽어보세요.

Cars for the Environment
환경을 위한 자동차들

Most cars only use gas.
But these two cars are different.
They use less gas than regular cars.
So they are better for our environment.

대부분의 자동차는 휘발유만 사용합니다.
하지만 이 두 자동차는 다릅니다.
그것들은 보통의 자동차 보다 휘발유를 덜 사용합니다.
그래서 그것들은 환경에 더 낫습니다.

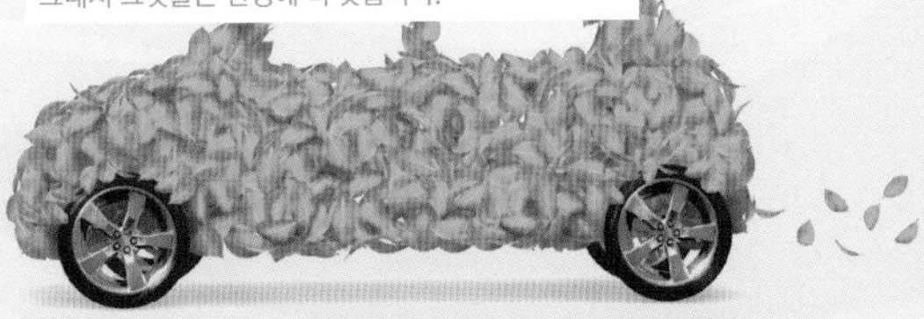

Key Grammar both A and B

The car has both an engine and an electric motor.
그 자동차는 엔진과 전기 모터를 둘 다 가지고 있습니다.

'A와 B 둘 다'는 영어로 'both A and B'라고 표현할 수 있어요. 이때, and 앞뒤에 있는 A와 B는 같은 품사의 단어를 써야 합니다.

예 I like both math and science. 나는 수학과 과학 둘 다 좋아합니다.
Both his mom and dad are teachers. 그의 엄마와 아빠 두 분 다 선생님입니다.

This is an electric car.
It doesn't need gas.
Instead, it uses electricity for power.
You charge the battery in the car, and it moves.
This car doesn't make much noise.
It is very quiet.

이것은 전기 자동차입니다.
이것은 휘발유가 필요하지 않습니다.
대신, 이것은 전기를 동력으로 사용합니다.
당신이 자동차 안의 건전지를 충전하면, 이것은 움직입니다.
이 자동차는 많은 소음을 만들지 않습니다.
이것은 매우 조용합니다.

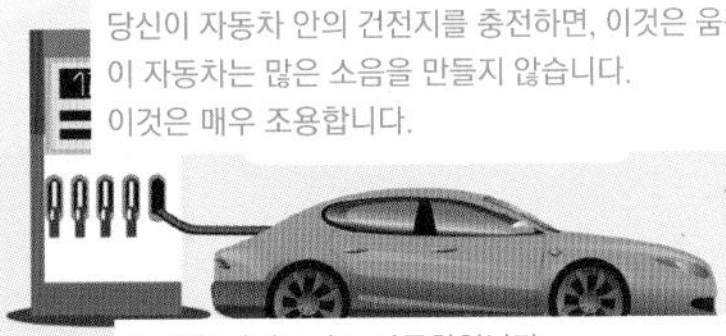

This is a hybrid car.
Hybrid means "a combination of two different things."
It has both an engine and an electric motor.
So it uses both gas and electricity.

이것은 하이브리드 자동차입니다.
하이브리드는 "두 개의 다른 것의 결합"을 의미합니다.
이것은 엔진과 전기 모터를 둘 다 가지고 있습니다.
그래서 이것은 휘발유와 전기를 둘 다 사용합니다.

Which one do you like better?
당신은 어느 것이 더 좋습니까?

하이브리드 자동차를 타고 부릉부릉~

하이브리드(hybrid)는 서로 다른 두 가지를 합친다는 의미에요. 하이브리드 자동차(hybrid car)는 석유 등의 연료와 전기를 동시에 사용하는 자동차를 말합니다. 연료를 사용하는 엔진과, 배터리로부터 전원을 공급받는 전기 모터가 함께 자동차를 달리게 하지요. 하이브리드 자동차는 연비가 높아 경제적이며, 일반 자동차에 비해 배기가스 배출량이 적어 환경 보호에도 도움이 된답니다.

Comprehension Check

1 다음 질문의 답으로 가장 적절한 것을 골라 보세요.

ⓐ 이 글의 주제는 무엇인가요?

① the combination of gas and electricity 휘발유와 전기의 결합
② the noise from two different regular cars 두 개의 다른 보통의 자동차의 소음
✓③ two types of cars that are better for the environment 환경에 더 나은 두 종류의 자동차

ⓑ 전기 자동차의 특징으로 알맞지 않은 것은 무엇인가요?

✓① making noise 소음을 만듦
② using electricity for power 동력으로 전기를 사용함
③ charging the battery in the car 자동차의 건전지를 충전함

ⓒ 하이브리드 자동차에 관한 설명으로 알맞은 것은 무엇인가요?

① It doesn't need gas. 그것은 휘발유가 필요하지 않습니다.
② It is very quiet. 그것은 매우 조용합니다.
✓③ It has an electric motor. 그것은 전기 모터를 가지고 있습니다.

2 다음 문장을 읽고 맞으면 T, 틀리면 F에 표시하세요.

① An electric car uses gas for power. 전기 자동차는 동력으로 휘발유를 사용합니다. T / (F)
② A hybrid car uses both gas and electricity. 하이브리드 자동차는 휘발유와 전기 둘 다 사용합니다. (T) / F
③ A hybrid car is better for the environment than a regular car. 하이브리드 자동차는 보통의 자동차보다 환경에 더 낫습니다. (T) / F

3 다음 질문에 알맞은 답이 되도록 빈칸에 들어갈 말을 본문에서 찾아 써보세요.

하이브리드는 무엇을 의미하나요?
Q What does *hybrid* mean?
A It means "a combination of two different things."
이것은 "두 개의 다른 것의 결합"을 의미합니다.

QR 찍고 힌트 보기

Brain Power

흥미로운 미션을 풀고 코딩을 위한 사고력도 길러보세요!

문제 해결력 빨간 원에서 출발한 친환경 자동차가 파란 원까지 규칙을 따라 지나갈 때, 총 걸리는 시간을 빈칸에 써보세요.

규칙
1. 알맞은 설명이 쓰여진 지점만 지나갈 수 있습니다.
2. 가로 한 칸을 지날 때는 3분이 걸립니다.
3. 세로 한 칸을 지날 때는 2분이 걸립니다.

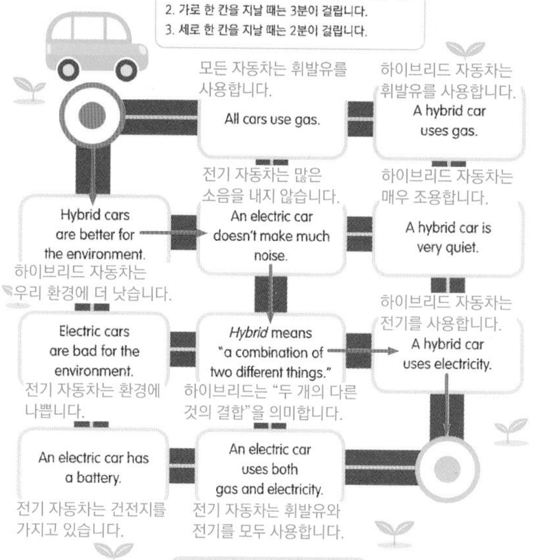

It takes 12 minutes.
12분이 걸립니다.

플라스틱을 매일 사용하나요? 네 아니요
Q Do you use plastic every day? Yes No

UNIT 02 과학

Plastic Island 플라스틱 섬

Subject Words QR코드를 이용하여 단어를 듣고 따라 읽어보세요.

More Words QR코드를 이용하여 단어와 예문을 듣고 따라 읽어보세요.

섬
There is an island in the ocean.
바다에 섬이 하나 있습니다.

~를 …로 운반하다
She is carrying boxes into the house.
그녀는 상자들을 집으로 운반하고 있습니다.

위험한
Kitchens are dangerous for babies.
부엌은 아기들에게 위험합니다.

유독성의
The gas is toxic.
그 가스는 유독합니다.

죽다
The plants died.
식물들이 죽었습니다.

해로운
Too much sunlight is harmful to our skin.
너무 많은 햇빛은 우리 피부에 해롭습니다.

Vocabulary Check

Subject Words 그림과 뜻을 보고 알맞은 단어를 쓰세요.

① 
더미
pile

② 
쓰레기
waste

③ 
바다
ocean

④ 
흐름, *해류
current

⑤ 
플라스틱
plastic

More Words 우리말에 맞는 문장이 되도록 알맞은 단어를 고르세요.

① 그 가스는 유독합니다. The gas is (toxic) / dense .
② 식물들이 죽었습니다. The plants (died) / melted .
③ 바다에 섬이 하나 있습니다. There is a(n) land / (island) in the ocean.
④ 부엌은 아기들에게 위험합니다. Kitchens are difficult / (dangerous) for babies.
⑤ 그녀는 상자들을 집으로 운반하고 있습니다. She is (carrying) / counting boxes into the house.
⑥ 너무 많은 햇빛은 우리 피부에 해롭습니다. Too much sunlight is helpful / (harmful) to our skin.

Plastic Island 플라스틱 섬

We use plastic a lot. 우리는 플라스틱을 많이 사용합니다.
But where does it go after we use it? 하지만 우리가 그것을 사용한 뒤에 그것은 어디로 갈까요?

There is a huge area of waste in the *Pacific Ocean.
It looks like an island.
So we call it "Plastic Island."

*Pacific Ocean 태평양

태평양에는 거대한 쓰레기 지역이 있습니다.
그것은 마치 섬처럼 보입니다.
그래서 우리는 그것을 "플라스틱 섬"이라고 부릅니다.

Key Grammar become + 비교급

The pile of waste is becoming bigger. 그 쓰레기 더미는 더 커지고 있습니다.

become은 '~가 됩니다'라는 뜻의 동사예요. become 다음에 비교급을 쓰게 되면 '더 ~한 상태가 됩니다'라는 의미를 나타냅니다.

Salt became cheaper. 소금은 값이 더 싸졌습니다.
He is becoming more popular. 그는 더 유명해지고 있습니다.

The waste comes from land. 그 쓰레기는 모두 땅에서 나옵니다.
Currents carry the waste into the middle of the ocean. 해류가 그 쓰레기를 바다 가운데로 운반합니다.
The pile of waste is becoming bigger. 그 쓰레기 더미는 더 커지고 있습니다.
And it is becoming more dangerous. 그리고 이것은 더 위험해지고 있습니다.

The pile is dangerous for sea animals. 그 더미는 바다 동물에게 위험합니다.
Most of the plastic waste is toxic. 대부분의 플라스틱 쓰레기는 유독합니다.
Sea animals can eat it and die. 바다 동물들은 이것을 먹고 죽을 수 있습니다.

It is also dangerous for us. 이것은 우리에게도 위험합니다.
Many fish eat the plastic. 많은 물고기들이 플라스틱을 먹습니다.
And we could eat these fish with harmful chemicals!
그리고 우리는 이 해로운 화학물질을 가진 생선을 먹을 수도 있습니다!

죽은 고래의 배 속에 무엇이 있었을까?

스페인 남쪽 해변에서 길이 10 m, 무게 6000 kg이 넘는 거대한 고래 한 마리가 죽은 채 발견되었어요. 이 고래의 배 속에 무엇이 있었을까요? 바로 비닐봉지, 그물, 병뚜껑 같은 플라스틱 쓰레기였어요. 그것도 29 kg이나요! 이 고래뿐만이 아니라 수많은 바다 동물들이 플라스틱 쓰레기를 먹이로 착각하고 먹고 죽거나, 그것에 걸려 상처를 입는다고 해요. 우리가 버린 쓰레기로 많은 바다 생물들이 죽어 가고 있답니다.

Comprehension Check

1 다음 질문의 답으로 가장 적절한 것을 골라 보세요.

ⓐ 이 글의 주제는 무엇인가요?
① how to recycle plastic 플라스틱을 재활용하는 방법
② harmful chemicals in fish 생선 안의 해로운 화학물질
③ the dangerous pile of waste 위험한 쓰레기 더미 ✔

ⓑ 플라스틱 섬을 이루는 쓰레기들은 주로 어디에서 오나요?
① rivers 강 ② land 육지 ✔ ③ oceans 바다

ⓒ 플라스틱 섬에 관한 설명으로 알맞지 않은 것은 무엇인가요?
① It is becoming smaller. 그것은 더 작아지고 있습니다. ✔
② It is in the Pacific Ocean. 그것은 태평양에 있습니다.
③ It is a huge area of waste. 그것은 거대한 쓰레기 지역입니다.

2 다음 문장을 읽고 맞으면 T, 틀리면 F에 표시하세요.

① Currents carry the waste into the middle of ocean. 해류가 바다 가운데로 쓰레기를 운반합니다. (T) F
② The plastic island is not dangerous for us. 플라스틱 섬은 우리에게 위험하지 않습니다. T (F)
③ Many fish could eat the plastic in the ocean. 많은 물고기들이 바다에서 플라스틱을 먹을 수도 있습니다. (T) F

3 다음 질문에 알맞은 답이 되도록 빈칸에 들어갈 말을 본문에서 찾아 써보세요.
왜 플라스틱 섬이 바다 동물들에게 위험한가요?

Q Why is the plastic island dangerous for sea animals?
A It is because most of the plastic waste is <u>toxic</u>, and sea animals can <u>eat</u> it.
왜냐하면 대부분의 플라스틱 쓰레기는 유독하고, 바다 동물들이 그것을 먹을 수 있기 때문입니다.

Brain Power

QR 찍고 힌트 보기

흥미로운 미션을 풀고 코딩을 위한 사고력도 길러보세요!

1 절차적 사고력 미로를 빠져나오려면 제시된 단서를 따라야 합니다. 출발 지점에서 도착 지점까지 미로를 탈출하고 완성된 단어와 그 뜻을 써보세요.

단서 칸을 한 번씩만 지나면서 알파벳을 순서대로 연결했을 때 두 개의 단어가 나와야 함

ⓐ
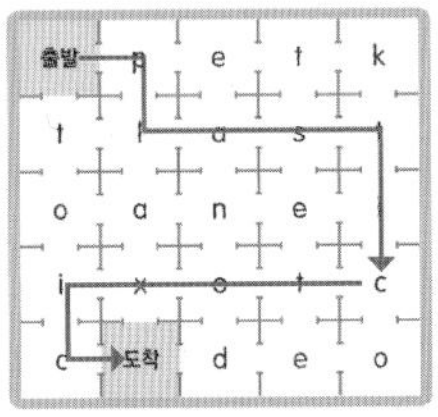

단어: plastic (뜻: 플라스틱)
단어: toxic (뜻: 유독한)

ⓑ
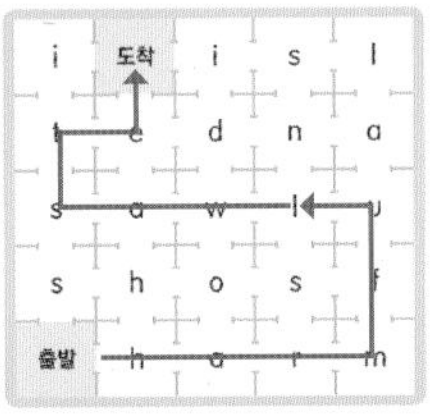

단어: harmful (뜻: 해로운)
단어: waste (뜻: 쓰레기)

2 문제 해결력 네 친구의 알파벳을 알맞은 순서로 배열하면 암호가 완성됩니다. 단서를 보고 알파벳을 배열하여 암호를 완성해 보세요.

단서 플라스틱 쓰레기는 어떻게 생겨나고 어디로 갈까?

ⓐ People eat the fish. 사람들이 그 생선을 먹습니다.
ⓑ The plastic goes into the ocean. 그 플라스틱이 바다로 갑니다.
ⓒ People throw out the plastic. 사람들이 플라스틱을 버립니다.
ⓓ Fish eat the plastic. 물고기가 그 플라스틱을 먹습니다.

암호 c → b → d → a

녹색 건물이 무엇인지 아나요? 네 아니요
Q Do you know what a green building is? Yes ☐ No ☐

UNIT 03 미술

Green Buildings in Cities

도시의 녹색 건물

Subject Words QR코드를 이용하여 단어를 듣고 따라 읽어보세요.

More Words QR코드를 이용하여 단어와 예문을 듣고 따라 읽어보세요.

We care about the earth.
우리는 지구에 관심을 가집니다.

The heat comes from the sun.
열이 태양으로부터 옵니다.

The wastewater goes into the river.
폐수가 강으로 들어갑니다.

She is collecting rainwater in her hands.
그녀는 손에 빗물을 모으고 있습니다.

A cat is on the roof.
고양이 한 마리가 지붕 위에 있습니다.

My house is very warm.
나의 집은 매우 따뜻합니다.

Vocabulary Check

Subject Words 그림과 뜻을 보고 알맞은 단어를 쓰세요.

1. 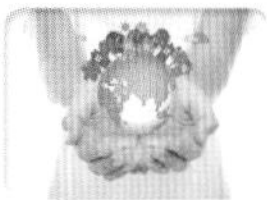
녹색의; 환경친화적인
green

2. 
환경친화적인
eco-friendly

3. 
깨끗하게 하다
clean

4. 
절약하다
save

5. 
여름
summer

6. 
겨울
winter

More Words 우리말에 맞는 문장이 되도록 알맞은 단어를 고르세요.

1. 고양이 한 마리가 지붕 위에 있습니다. A cat is on the (roof / root).
2. 나의 집은 매우 따뜻합니다. My house is very (warm / cool).
3. 열이 태양으로부터 옵니다. The (gas / heat) comes from the sun.
4. 우리는 지구에 관심을 가집니다. We (care about / compete against) the earth.
5. 그녀는 손에 빗물을 모으고 있습니다. She is collecting (rainwater / wastewater) in her hands.
6. 폐수가 강으로 들어갑니다. The (rainwater / wastewater) goes into the river.

Green Buildings in Cities

도시의 녹색 건물

지문을 듣고 따라 읽어보세요.

There are many buildings around us. 우리 주위에는 많은 건물들이 있습니다.
And we still need more buildings. 그리고 우리는 여전히 더 많은 건물들이 필요합니다.
We care about the environment. 우리는 환경에 관심을 가집니다.
So we build eco-friendly buildings now. 그래서 지금 우리는 친환경적인 건물을 짓습니다.

This building is located in the United States. 이 건물은 미국에 위치해 있습니다.
It gets heat from sunlight. 이것은 햇빛으로부터 열을 얻습니다.
It uses wastewater and rainwater. 이것은 폐수와 빗물을 사용합니다.
So it saves electricity and water. 그래서 이것은 전기와 물을 절약합니다.

Key Grammar be located in ~

This building is located in the United States. 이 건물은 미국에 (위치해) 있습니다.

'~에 (위치해) 있습니다'는 영어로 'be located in ~'이라고 표현할 수 있어요. be동사는 주어에 따라 am, are, is로 바뀌 써야 합니다.

예 The island is located in the Pacific Ocean. 그 섬은 태평양에 (위치해) 있습니다.
The mountains are located in Canada. 그 산들은 캐나다에 (위치해) 있습니다.

This building is located in Japan. 이 건물은 일본에 위치해 있습니다.
It has a very large, green roof. 이것은 매우 큰 녹색 지붕을 가지고 있습니다.
Many plants grow on the roof. 많은 식물들이 그 지붕에서 자랍니다.
They clean the air. 그것들은 공기를 깨끗하게 합니다.

Thanks to this roof, the building is cool in summer. 이 지붕 덕분에, 이 건물은 여름에는 시원합니다.
And it's warm in winter. 그리고 이것은 겨울에는 따뜻합니다.
So it saves energy. 그래서 이것은 에너지를 절약합니다.

Eco-friendly buildings save energy. 친환경적인 건물들은 에너지를 절약합니다.
They are better for our environment! 그것들은 우리의 환경에 더 낫습니다!

환경을 생각하는 녹색 지붕

녹색 지붕(green roof)은 건물 옥상이나 옆면을 식물로 꾸민 것을 말해요. 이 녹색 지붕은 보기에도 아름다울 뿐만 아니라 건물의 열을 막아주는 역할을 하기도 하는데요. 식물들이 여름에는 뜨거운 햇빛을 반사해 실내 온도를 낮춰주고, 반대로 추운 겨울에는 열기를 잡아주어 실내 온도를 높여줘요. 이 녹색 지붕으로 냉난방 비용을 최대 60%까지 줄일 수 있다고 해요!

Comprehension Check

1 다음 질문의 답으로 가장 적절한 것을 골라 보세요.

ⓐ 이 글의 주제는 무엇인가요?

① how to save energy 에너지를 절약하는 방법
② ✓ eco-friendly buildings 친환경적인 건물들
③ different plants on the roof 지붕 위에 있는 다양한 식물들

ⓑ 글에서 소개된 미국의 친환경 건물은 무엇으로부터 열을 얻나요?

① fire 불 ② gas 휘발유 ③ ✓ the sun 태양

ⓒ 글에서 소개된 일본의 친환경 건물에 대한 설명으로 알맞은 것은 무엇인가요?

① It uses wastewater. 그것은 폐수를 사용합니다.
② ✓ It has a large, green roof. 그것은 큰 녹색 지붕을 가지고 있습니다.
③ It is always cool in winter. 그것은 여름에는 항상 시원합니다.

2 다음 문장을 읽고 맞으면 T, 틀리면 F에 표시하세요.

① We build eco-friendly buildings now. 우리는 지금 친환경적인 건물들을 짓습니다. (T) F
② The building in the United States uses rainwater. 미국의 건물은 빗물을 사용합니다. (T) F
③ Plants on the green roof clean the air. 녹색 지붕의 식물은 공기를 깨끗하게 합니다. (T) F

3 다음 질문에 알맞은 답이 되도록 빈칸에 들어갈 말을 본문에서 찾아 써보세요.

왜 보통의 건물보다 친환경적인 건물이 환경에 더 낫나요?
Q Why are eco-friendly buildings better for the environment than regular buildings?

A It is because they ___save___ energy.
왜냐하면 그것들은 에너지를 절약하기 때문입니다.

Brain Power

QR 찍고 힌트 보기
흥미로운 미션을 풀고 코딩을 위한 사고력도 길러보세요!

추상화 사고력 주어진 도형들을 두 개씩 조합해서 ⓑ~ⓒ를 채워보세요. 그리고 그 속에 있는 알파벳을 조합하여 단어를 만들고 그 뜻을 써보세요. (단, 단어의 방향에 유의하세요.)

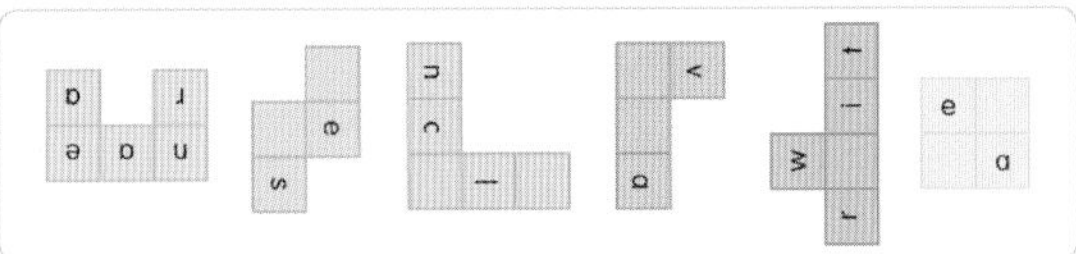

ⓐ 단어: clean 뜻: 깨끗하게 하다
ⓑ 단어: rainwater 뜻: 빗물
ⓒ 단어: save 뜻: 절약하다

문제 해결력 친환경 건물에 들어가기 위해서는 그것과 관련된 정보만 따라가야 합니다. 출발 지점부터 도착 지점까지 알맞은 길을 표시해보세요.

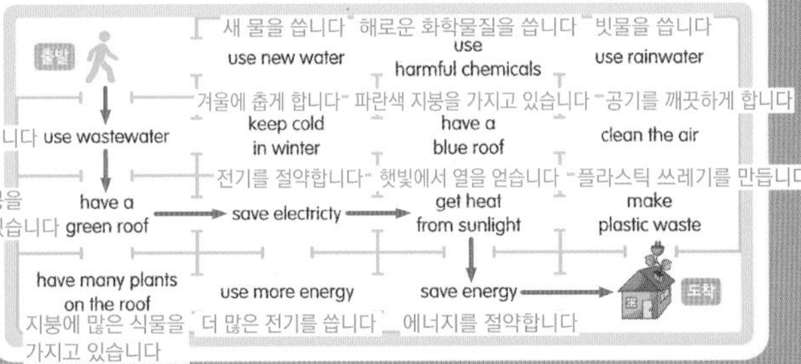

오리로 쌀을 재배할 수 있을까요?
Q Can we grow rice with ducks?

UNIT 04 Special Farming with Ducks

오리를 이용한 특별한 농사

Subject Words QR코드를 이용하여 단어를 듣고 따라 읽어보세요.

More Words QR코드를 이용하여 단어와 예문을 듣고 따라 읽어보세요.

Ducks are swimming.
오리들이 헤엄치고 있습니다.

I collected many insects.
나는 많은 곤충들을 채집했습니다.

He pulls wild plants from the ground.
그는 땅에서 야생 식물을 뽑습니다.

Natural light comes through the window.
창문을 통해서 자연의 빛이 들어옵니다.

We harvest tomatoes in our garden.
우리는 정원에서 토마토를 수확합니다.

I eat healthy food.
나는 건강에 좋은 음식을 먹습니다.

Vocabulary Check

Subject Words 그림과 뜻을 보고 알맞은 단어를 쓰세요.

① 
비료
fertilizer

② 
밭
field

③ 
살충제
pesticide

④ 
쌀; 벼
rice

⑤ 
농장
farm

More Words 우리말에 맞는 문장이 되도록 알맞은 단어를 고르세요.

① 나는 많은 곤충들을 채집했습니다. I collected many (insects) / objects .
② 나는 건강에 좋은 음식을 먹습니다. I eat salty / (healthy) food.
③ 오리들이 헤엄치고 있습니다. (Ducks) / Eagles are swimming.
④ 그는 땅에서 야생 식물을 뽑습니다. He pulls (wild) / rare plants from the ground.
⑤ 우리는 정원에서 토마토를 수확합니다. We respect / (harvest) tomatoes in our garden.
⑥ 창문을 통해서 자연의 빛이 들어옵니다. (Natural) / National light comes through the window.

자문장 듣고 따라 읽어보세요.

Special Farming with Ducks

오리를 이용한 특별한 농사

Hi! My name is Somi. I live on a farm. 안녕! 내 이름은 소미야. 나는 농장에 살아.

My parents are rice farmers. 나의 부모님은 쌀 농사꾼이셔.

They grow rice in a special way. 그분들은 특별한 방법으로 쌀을 재배하셔.

Look at our rice fields. 우리의 쌀 밭(논)을 보렴!

Do you see the ducks? 오리들이 보이니?

What are they doing? 그들은 뭘 하고 있는 걸까?

They are helping my parents! 그들은 나의 부모님을 돕고 있어!

Key Grammar don't have to 동사원형

My parents don't have to use pesticides. 나의 부모님은 살충제를 쓸 필요가 없습니다.

'have to 동사원형'은 '~해야 합니다'라는 의무의 표현이에요. have to 앞에 부정의 don't를 붙이면 '~할 필요가 없습니다', '~하지 않아도 됩니다'라는 뜻이 됩니다.

예 You don't have to pay. 당신은 돈을 내지 않아도 됩니다.
We don't have to worry about it. 우리는 그것에 대해 걱정할 필요가 없습니다.

Ducks in the rice fields eat harmful insects and wild plants.

So my parents don't have to use pesticides.

And duck *droppings are natural fertilizers.

So my parents don't have to use fertilizers.

*dropping 배설물

With these ducks, we harvest healthier rice.

And it is good for the environment too!

논의 오리들은 해로운 곤충과 야생 식물을 먹어.
그래서 나의 부모님은 살충제를 쓸 필요가 없어.
그리고 오리 배설물은 천연 비료야.
그래서 나의 부모님은 비료를 쓸 필요가 없어.

이 오리들로, 우리는 더 건강한 쌀을 수확해.
그리고 이것은 환경에도 좋아!

건강한 논, 오리가 책임진다!

'유기농법'은 화학 비료나 농약을 사용하지 않고 유기물과 미생물 등의 자연 자원으로 농사를 짓는 것을 말합니다. 오리농법은 그중 하나로, 논에 벼를 재배하면서 오리를 함께 기르는 것이에요. 따라서 논에서 쌀과 오리고기를 모두 얻을 수 있어요. 또한 오리가 논에 있는 잡초를 자연적으로 제거하기 때문에 화학 농약을 사용하지 않아도 된다고 하네요! 일석이조(一石二鳥)인 셈이죠?

Comprehension Check

1 다음 질문의 답으로 가장 적절한 것을 골라 보세요.

ⓐ 이 글의 주제는 무엇인가요?
① harmful fertilizers 해로운 비료
② growing rice with ducks 오리를 이용해서 쌀 재배하기 ✓
③ insects and wild plants on farms 농장의 곤충과 야생 식물

ⓑ 다음 중 논의 오리가 먹는 것으로 언급되지 않은 것은 무엇인가요?
① rice 쌀 ✓ ② insects 곤충 ③ wild plants 야생 식물

ⓒ 소미네 농장에 관한 설명으로 알맞은 것은 무엇인가요?
① Somi's parents are wheat farmers. 소미의 부모님은 밀 농사꾼입니다.
② There are ducks on Somi's farm. 소미의 농장에는 오리들이 있습니다. ✓
③ Somi's parents always use pesticides. 소미의 부모님은 항상 살충제를 사용합니다.

2 다음 문장을 읽고 맞으면 T, 틀리면 F에 표시하세요.

① Somi's parents grow rice in a special way. 소미의 부모님은 특별한 방식으로 쌀을 재배합니다. (T) F
② Ducks in the rice fields help insects. 논의 오리들은 곤충들을 돕습니다. T (F)
③ Duck droppings are natural pesticides. 오리 배설물은 천연 살충제입니다. T (F)

3 다음 질문에 알맞은 답이 되도록 빈칸에 들어갈 말을 본문에서 찾아 써보세요.

오리로 짓는 쌀 농사는 무엇이 특별한가요?
Q What is special about rice farming with ducks?

A With ducks, people harvest healthier rice. And it is good for the environment.
오리로, 사람들은 더 건강에 좋은 쌀을 수확합니다. 그리고 이것은 환경에도 좋습니다.

QR 찍고 힌트 보기

Brain Power

흥미로운 미션을 풀고 코딩을 위한 사고력도 길러보세요!

절차적 사고력 알파벳을 알맞게 배열하여 단어를 만들어 보세요. 그리고 알파벳 아래에 적힌 숫자를 순서대로 아래 빈칸에 채워 문장을 완성해 보세요.

MARF → F A R M (21, 24, 31)

CEIR → R I C E (29, 8, 13)

UKDC → D U C K (11, 12, 6, 14)

ILDW → W I L D (1, 16, 20)

SIEPECIDT → P E S T I C I D E (19, 2)

LEIZRFERTI → F E R T I L I Z E R (25, 22, 33, 18, 28, 3)

CENTIS → I N S E C T (5, 30, 32)

TARSEVH → H A R V E S T (4, 27, 15, 17)

RUATALN → N A T U R A L (26, 9, 23)

LETHYHA → H E A L T H Y (7, 10)

W E G R O W R I C E W I T H
D U C K S. 우리는 오리로 쌀을 재배합니다.
I T I S G O O D F O R
O U R E N V I R O N M E N T.
그것은 우리의 환경에 좋습니다.

Wrap UP!

Unit 01 두 종류의 친환경 자동차에 관한 알맞은 설명을 각각 골라 문장 번호를 써보세요.

❶ It doesn't need gas.
그것은 휘발유가 필요하지 않습니다.
❷ It uses both gas and electricity.
그것은 휘발유와 전기 둘 다 사용합니다.
❸ It has a gas engine.
그것은 휘발유 엔진을 가지고 있습니다.
❹ It only uses electricity for power.
그것은 오직 전기만 동력으로 사용합니다.
❺ It is very quiet.
그것은 매우 조용합니다.

Electric Car	❶, ❹, ❺

Hybrid Car	❷, ❸

기억이 안 난다면? 72쪽으로 이동하세요.

Unit 02 물고기가 태평양에 있는 플라스틱 쓰레기 더미에 대해 걱정하고 있어요. 보기 에서 알맞은 말을 골라 물고기가 하는 말을 완성해 보세요.

보기 toxic waste bigger die dangerous

I live in the Pacific Ocean.
나는 태평양에 살아요.
There is a huge area of waste in the ocean. It is becoming bigger.
바다에는 거대한 쓰레기 지역이 있어요. 그것은 점점 커져요.
It is dangerous for me and my friends.
그 섬은 나와 내 친구들에게 위험해요.
Most of the plastic waste is toxic.
대부분의 플라스틱 쓰레기는 유독해요.
Many of my friends eat it and die.
많은 내 친구들이 이것을 먹고 죽어요.
Please don't use too much plastic!
너무 많은 플라스틱을 사용하지 말아주세요!

기억이 안 난다면? 78쪽으로 이동하세요.

Unit 03 아래 각 건물에 관한 알맞은 설명을 찾아 바르게 연결해 보세요.

❶ 

❷ 

- The plants on the roof clean the air.
  지붕의 식물이 공기를 깨끗하게 합니다.
- It gets heat from sunlight.
  그것은 햇빛으로부터 열을 얻습니다.
- It is cool in summer and warm in winter.
  그것은 여름에는 시원하고 겨울에는 따뜻합니다.
- It uses wastewater and rainwater.
  그것은 폐수와 빗물을 사용합니다.

기억이 안 난다면? 84쪽으로 이동하세요.

Unit 04 보기 에서 알맞은 말을 골라 오리농법의 특징을 설명하는 문장을 완성해 보세요.

보기 harvest insects natural healthier pesticides

Special Farming with Ducks
오리를 이용한 특별한 농사

Ducks eat harmful insects and wild plants.
오리가 해로운 곤충과 야생 식물을 먹습니다.
➡ Farmers don't have to use pesticides.
농부들은 살충제를 쓸 필요가 없습니다.

Duck droppings are natural fertilizers.
오리 배설물이 천연 비료입니다.
➡ Farmers don't have to use fertilizers.
농부들은 비료를 쓸 필요가 없습니다.

With ducks, farmers harvest healthier rice!
오리를 이용하여, 농부들은 더 건강에 좋은 쌀을 수확합니다!

기억이 안 난다면? 90쪽으로 이동하세요.

쉬어가기

성냥개비를 한 개만 제거해서 미로를 탈출해보세요.

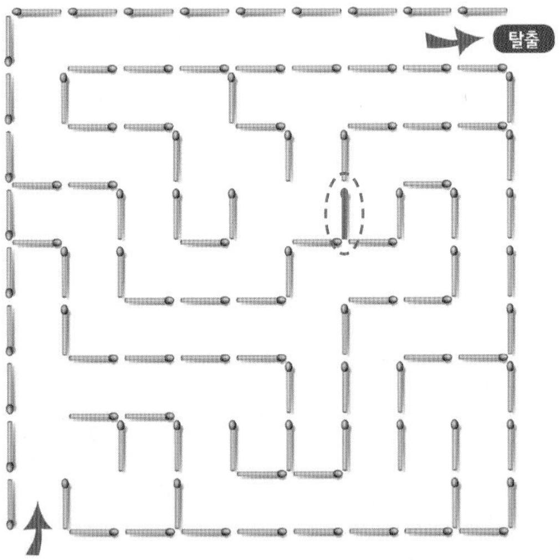

성냥개비를 한 개만 제거해서 꽃이 있는 곳까지 도착해보세요.

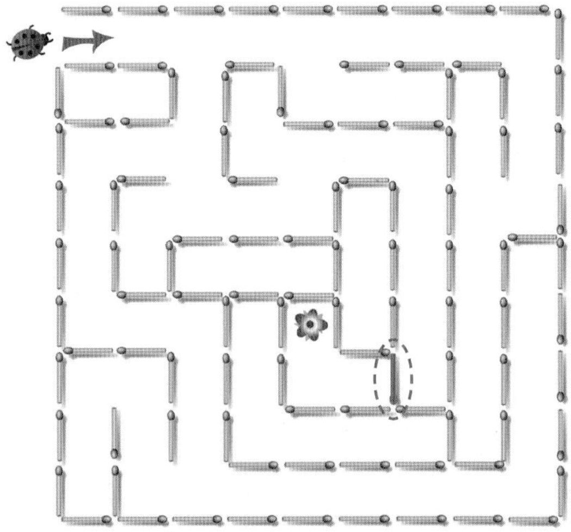

초등영어

리딩이 된다

Jump 2

WORKBOOK 정답 및 해설

UNIT 01 사회 The History of Money

Subject Words 빈칸에 들어갈 알맞은 단어를 쓰세요.

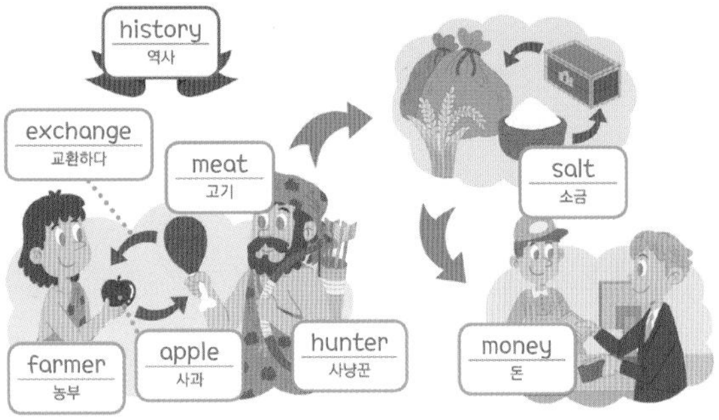

More Words 우리말에 맞도록 빈칸에 들어갈 알맞은 말을 보기에서 찾아 쓰세요.

보기 problem out of start value metal melts

1. How did we __start__ using money?
   우리는 어떻게 돈을 사용하기 시작했을까요?
2. There was a __problem__.
   문제가 있었습니다.
3. The __value__ of each item was different.
   각 물품의 가치가 달랐습니다.
4. Salt __melts__ easily on rainy days.
   소금은 비가 오는 날에 쉽게 녹습니다.
5. People made money __out of__ __metal__.
   사람들은 금속으로 돈을 만들었습니다.

Grammar - Writing Link

start 동사+ing ~하기 시작합니다

'~하기 시작합니다'는 영어로 'start 동사+ing'의 형태로 표현합니다.
참고 '동사+ing'는 동사가 -e로 끝나는 경우 e를 빼고 ing를, -ie로 끝나는 경우 ie를 y로 고치고 ing를 붙입니다.

Step 1 빈칸을 알맞게 채워 문장을 완성해 보세요.

1. 우리는 어떻게 돈을 사용하기 시작했을까요? (use)
   → How did we __start__ __using__ money?
2. 사람들은 몇몇의 물품을 돈으로 사용하기 시작했습니다. (use)
   → People __started__ __using__ some items as money.

Step 2 우리말 뜻에 맞게 괄호 안의 단어를 알맞은 순서로 배열해 보세요.

1. 그 소년은 게임을 하기 시작했습니다. (started playing, the boy, games)
   → The boy started playing games.
2. 사람들은 동물을 돕기 시작했습니다. (people, animals, started helping)
   → People started helping animals.

Step 3 우리말 뜻에 맞게 주어진 단어를 사용해 문장을 만들어 보세요.

1. 우리는 그 노래를 부르기 시작했습니다. (sing, we, the song)
   → We started singing the song.
2. 그는 그 집의 크기를 측정하기 시작했습니다. (measure, he, the house, the size of)
   → He started measuring the size of the house.

UNIT 02 과학 Smart Vending Machine

Subject Words 빈칸에 들어갈 알맞은 단어를 쓰세요.

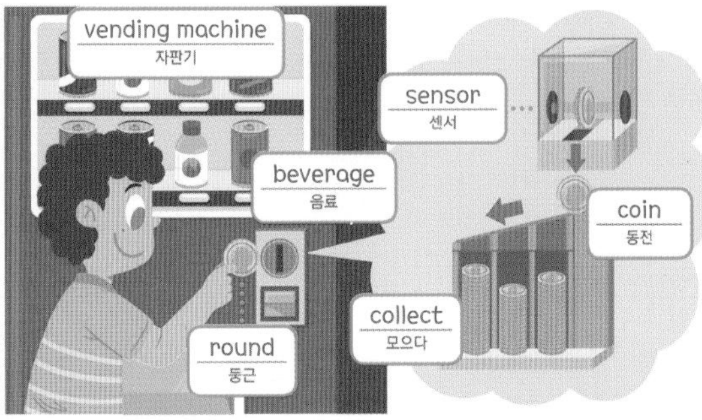

More Words 우리말에 맞도록 빈칸에 들어갈 알맞은 말을 보기에서 찾아 쓰세요.

보기 sells determine magnets detects smart most

1. I am a __smart__ vending machine.
   나는 똑똑한 자판기입니다.
2. The vending machine __sells__ beverages.
   그 자판기는 음료를 팝니다.
3. __Most__ coins are round and light.
   대부분의 동전들은 동그랗고 가볍습니다.
4. How can a vending machine __determine__ the value of each coin?
   자판기는 어떻게 각 동전의 가치를 알아낼 수 있을까요?
5. With the __magnets__, a vending machine __detects__ the type of metal.
   자판기는 자석들로 금속의 종류를 탐지합니다.

Grammar - Writing Link

접속사 and (그리)고

'and'는 '(그리)고'라는 뜻으로, 단어와 단어를 연결해주는 역할을 하는 접속사입니다.
참고 세 개 이상의 단어를 연결할 때는 마지막 단어 앞에만 and를 씁니다.

Step 1 빈칸을 알맞게 채워 문장을 완성해 보세요.

1. 대부분의 동전들은 동그랗고 가볍습니다.
   → Most coins are round __and__ light.
2. 동전들은 모두 크기와 무게가 다릅니다.
   → The coins are all different in size __and__ weight.

Step 2 우리말 뜻에 맞게 괄호 안의 단어를 알맞은 순서로 배열해 보세요.

1. 그 공은 크고 무겁습니다. (heavy, the ball, large, is, and)
   → The ball is large and heavy.
2. 물 한 컵과 소금 그리고 설탕을 넣으세요. (and, add, salt, sugar, a cup of water)
   → Add a cup of water, salt, and sugar.

Step 3 우리말 뜻에 맞게 주어진 단어를 사용해 문장을 만들어 보세요.

1. 그 가수는 젊고 유명합니다. (young, the singer, famous, is)
   → The singer is young and famous.
2. 그 농부는 옥수수와 감자를 기릅니다. (the farmer, potatoes, corn, grows)
   → The farmer grows corn and potatoes.

UNIT 03 미술

Andy Warhol: Art and Money

Subject Words 빈칸에 들어갈 알맞은 단어를 쓰세요.

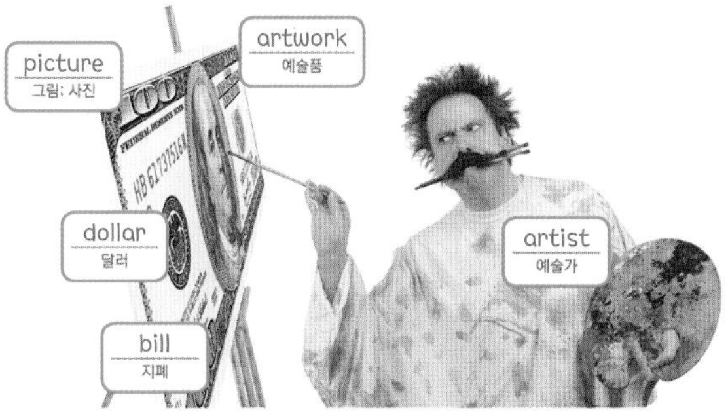

More Words 우리말에 맞도록 빈칸에 들어갈 알맞은 말을 보기에서 찾아 쓰세요.

보기 bottles cost unique everyday popular objects

1. Does the picture __cost__ a dollar?
   그 그림의 값이 1 달러일까요?
2. Warhol used __everyday__ __objects__.
   워홀은 일상적인 물건들을 사용했습니다.
3. Warhol painted pictures of __bottles__ and cans.
   워홀은 병과 캔의 그림들을 그렸습니다.
4. Warhol's artwork was __unique__.
   워홀의 예술품은 독특했습니다.
5. Warhol became very __popular__.
   워홀은 매우 인기가 많아졌습니다.

Grammar - Writing Link

전치사 of ~의

명사 앞에서 다른 명사와의 관계를 나타내는 말을 '전치사'라고 합니다. 전치사 'of'는 '~의'라는 뜻으로, 어떤 사람이나 사물에 속하거나 그것과 관련된 것을 나타낼 때 씁니다.

Step 1 빈칸을 알맞게 채워 문장을 완성해 보세요.

1. 1달러 지폐 한 장의 그림이 있습니다.
   → There is a picture __of__ a one dollar bill.
2. 워홀은 병과 캔의 그림들을 그렸습니다.
   → Warhol painted pictures __of__ bottles and cans.

Step 2 우리말 뜻에 맞게 괄호 안의 단어를 알맞은 순서로 배열해 보세요.

1. 우리는 Mina의 사진을 보았습니다. (Mina, a picture of, we, saw)
   → We saw a picture of Mina.
2. 모네의 그림들은 유명합니다. (Monet, the paintings of, famous, are)
   → The paintings of Monet are famous.

Step 3 우리말 뜻에 맞게 주어진 단어를 사용해 문장을 만들어 보세요.

1. 그는 이 노래의 작곡가입니다. (he, this song, the composer, is)
   → He is the composer of this song.
2. 나는 매일 아침 새의 소리를 듣습니다. (I, the sound, every morning, birds, hear)
   → I hear the sound of birds every morning.

UNIT 04 수학

How Can I Pay?

Subject Words 빈칸에 들어갈 알맞은 단어를 쓰세요.

More Words 우리말에 맞도록 빈칸에 들어갈 알맞은 말을 보기에서 찾아 쓰세요.

보기 total wallet way price convenience store snacks

1. Jenny has two 1000-won bills in her __wallet__.
   Jenny는 그녀의 지갑에 두 장의 천 원짜리 지폐를 가지고 있습니다.
2. Jenny goes to a __convenience store__.
   Jenny는 편의점으로 갑니다.
3. Jenny buys some __snacks__.
   Jenny는 몇몇 간식들을 삽니다.
4. The __total__ __price__ is 2,500 won.
   총 가격이 2,500원입니다.
5. Is there another __way__?
   또 다른 방법이 있을까요?

Grammar - Writing Link

조동사 could ~할 수(도) 있습니다

조동사 'could'는 '~할 수(도) 있습니다'라는 뜻으로, 가능성을 나타낼 때 씁니다. could 뒤에는 반드시 동사원형을 씁니다.

Step 1 빈칸을 알맞게 채워 문장을 완성해 보세요.

1. Jenny는 2,500원을 어떻게 지불할 수 있을까요?
   → How __could__ Jenny pay 2,500 won?
2. Jenny는 지폐 한 장과 동전 일곱 개로 지불할 수도 있습니다.
   → Jenny __could__ pay with one bill and seven coins.

Step 2 우리말 뜻에 맞게 괄호 안의 단어를 알맞은 순서로 배열해 보세요.

1. Jisu는 지금 집에 있을 수도 있습니다. (now, Jisu, could, at home, be)
   → Jisu could be at home now.
2. 아기가 넘어질 수도 있습니다. (could, the baby, fall down)
   → The baby could fall down.

Step 3 우리말 뜻에 맞게 주어진 단어를 사용해 문장을 만들어 보세요.

1. 이 새로운 차들은 매우 비쌀 수도 있습니다. (very, these new cars, expensive, be)
   → These new cars could be very expensive.
2. 우리는 오늘 만날 수도 있고 내일 만날 수도 있습니다. (meet, we, tomorrow, today, or)
   → We could meet today or tomorrow.

UNIT 01 사회 Salt, the White Gold

Subject Words 빈칸에 들어갈 알맞은 단어를 쓰세요.

More Words 우리말에 맞도록 빈칸에 들어갈 알맞은 말을 보기에서 찾아 쓰세요.

보기 difficult lives machines necessary soldiers taxes

1. Collecting salt was _difficult_.
   소금을 모으는 것은 어려웠습니다.
2. In Rome, _soldiers_ got paid in salt.
   로마에서는 군인들이 소금으로 봉급을 받았습니다.
3. In France, people paid _taxes_ with salt.
   프랑스에서는 사람들이 소금으로 세금을 냈습니다.
4. Today people collect salt with _machines_.
   오늘날 사람들은 기계로 소금을 모읍니다.
5. Salt is still as _necessary_ as water in our _lives_.
   소금은 여전히 우리의 삶에 물만큼 필요합니다.

Grammar - Writing Link

as 형용사 as ~ ~만큼 (형용사)한

'as 형용사 as ~'는 '~만큼 (형용사)한'이라는 뜻으로, 두 비교 대상이 비슷할 때 쓰는 비교 표현이에요.

Step 1 빈칸을 알맞게 채워 문장을 완성해 보세요.

1. 소금은 금만큼 귀중했습니다. (valuable)
   → Salt was _as_ _valuable_ _as_ gold.
2. 소금은 여전히 우리의 삶에 물만큼 필요합니다. (necessary)
   → Salt is still _as_ _necessary_ _as_ water in our lives.

Step 2 우리말 뜻에 맞게 괄호 안의 단어를 알맞은 순서로 배열해 보세요.

1. 나는 당신만큼 키가 큽니다. (I, as, you, tall, am, as)
   → I am as tall as you.
2. 당신의 드레스는 내 드레스만큼 독특합니다. (as, my dress, as, unique, your dress, is)
   → My dress is as unique as your dress.

Step 3 우리말 뜻에 맞게 주어진 단어를 사용해 문장을 만들어 보세요.

1. 축구는 야구만큼 인기가 있습니다. (soccer, baseball, is, popular)
   → Soccer is as popular as baseball.
2. John은 그의 아버지만큼 유명합니다. (John, famous, his father, is)
   → John is as famous as his father.

UNIT 02 과학 Does the Sea Freeze?

Subject Words 빈칸에 들어갈 알맞은 단어를 쓰세요.

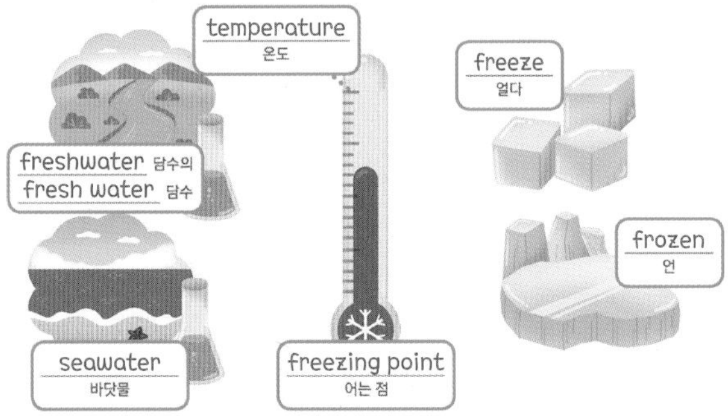

More Words 우리말에 맞도록 빈칸에 들어갈 알맞은 말을 보기에서 찾아 쓰세요.

보기 lower happen lakes ride skating sleds

1. _Lakes_ and ponds freeze in winter.
   겨울에는 호수와 연못이 업니다.
2. We go _skating_ or _ride_ _sleds_ on the frozen lakes.
   우리는 언 호수에서 스케이트를 타거나 썰매를 탑니다.
3. It doesn't _happen_ often.
   그것은 자주 발생하지 않습니다.
4. Seawater freezes at a _lower_ temperature.
   바닷물은 더 낮은 온도에서 업니다.

Grammar - Writing Link

부사 also 또한, 게다가

'also'는 '또한', '게다가'라는 뜻의 부사로, 동사의 앞이나 be동사, can과 같은 조동사 뒤에 씁니다.

Step 1 빈칸을 알맞게 채워 문장을 완성해 보세요.

1. 겨울에는 호수와 연못 또한 업니다.
   → Lakes and ponds _also_ freeze in winter.
2. 바다 또한 얼 수 있습니다.
   → The sea can _also_ freeze.

Step 2 우리말 뜻에 맞게 괄호 안의 단어를 알맞은 순서로 배열해 보세요.

1. 나는 사과를 좋아합니다. 나는 또한 오렌지도 좋아합니다. (also, oranges, I, like)
   → I like apples. I also like oranges.
2. 나는 피아노를 칠 수 있습니다. 나는 또한 바이올린도 켤 수 있습니다. (play, can, the violin, also, I)
   → I can play the piano. I can also play the violin.

Step 3 우리말 뜻에 맞게 주어진 단어를 사용해 문장을 만들어 보세요.

1. 그녀는 영어를 말합니다. 그녀는 프랑스어도 말합니다. (French, speaks, she)
   → She speaks English. She also speaks French.
2. Jim은 의사입니다. 그의 아버지도 의사입니다. (his father, a doctor, is)
   → Jim is a doctor. His father is also a doctor.

UNIT 03 미술

Huge Artwork Made of Salt

Subject Words 빈칸에 들어갈 알맞은 단어를 쓰세요.

More Words 우리말에 맞도록 빈칸에 들어갈 알맞은 말을 보기에서 찾아 쓰세요.

보기 amazing castle deep height visit hotel

1. What do you think this place is? A castle ? A hotel ?
   이 장소는 무엇이라고 생각하나요? 성일까요? 호텔일까요?
2. The mine is 327 meters deep .
   그 광산은 깊이가 327미터입니다.
3. The mine is as deep as the height of the Eiffel Tower.
   그 광산은 에펠탑의 높이만큼 깊습니다.
4. Isn't it amazing ?
   놀랍지 않은가요?
5. Many people visit the mine even now.
   많은 사람들이 심지어 지금도 그 광산을 방문합니다.

Grammar - Writing Link

부사 even 심지어 ~도[조차]

'even'은 '심지어 ~도[조차]'라는 뜻으로, 예상 밖이거나 놀라운 일을 표현할 때 쓰는 부사입니다.

Step 1 빈칸을 알맞게 채워 문장을 완성해 보세요.

1. 그 광산은 심지어 작은 연못도 가지고 있습니다.
   → The mine even has a small lake.
2. 많은 사람들이 심지어 지금도 그 광산을 방문합니다.
   → Many people visit the mine even now.

Step 2 우리말 뜻에 맞게 괄호 안의 단어를 알맞은 순서로 배열해 보세요.

1. 나는 심지어 남동생의 방도 청소했습니다. (cleaned, even, I, my brother's room)
   → I even cleaned my brother's room.
2. 그는 심지어 학교에 가지도 않았습니다. (didn't, school, he, even, go, to)
   → He didn't even go to school.

Step 3 우리말 뜻에 맞게 주어진 단어를 사용해 문장을 만들어 보세요.

1. 심지어 6월인데도 춥습니다. (it, cold, is, in June)
   → It is cold even in June.
2. 나는 심지어 그의 이름조차 모릅니다. (know, I, don't, his name)
   → I don't even know his name.

UNIT 04 수학

Which Seawater Is Saltier?

Subject Words 빈칸에 들어갈 알맞은 단어를 쓰세요.

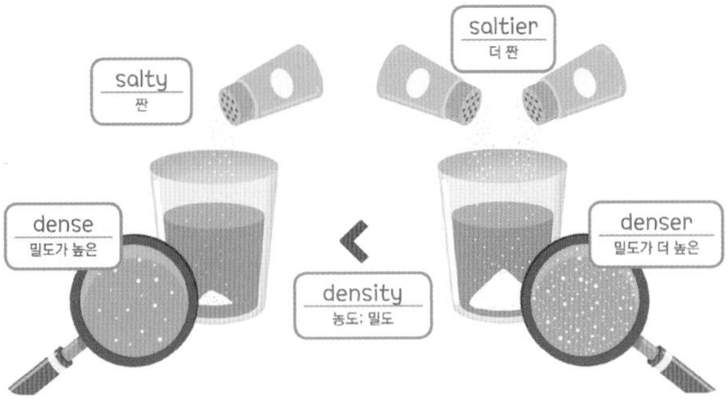

More Words 우리말에 맞도록 빈칸에 들어갈 알맞은 말을 보기에서 찾아 쓰세요.

보기 samples here percentage check cups contains

1. Here are two cups of seawater.
   여기 바닷물 두 컵이 있습니다.
2. They are two different seawater samples .
   그것들은 두 개의 다른 바닷물 샘플입니다.
3. The percentage of salt in seawater determines seawater's density.
   바닷물 안에 있는 소금의 비율은 바닷물의 농도를 결정합니다.
4. Let's check the densities of the seawater.
   바닷물의 농도를 확인해봅시다.
5. The seawater contains 6 grams of salt.
   그 바닷물에는 6 그램의 소금이 들어 있습니다

Grammar - Writing Link

의문형용사 which 어느 ~

'which'는 '어느 ~' 라는 뜻으로, 의문문에서 뒤에 있는 명사를 꾸며주는 의문형용사입니다.

Step 1 빈칸을 알맞게 채워 문장을 완성해 보세요.

1. 어느 소금물이 더 짠가요?
   → Which seawater is saltier?
2. 어느 가방이 당신의 가방인가요?
   → Which bag is your bag?

Step 2 우리말 뜻에 맞게 괄호 안의 단어를 알맞은 순서로 배열해 보세요.

1. 교회가 어느 방향인가요? (the church, which way, is)
   → Which way is the church?
2. 당신은 어느 계절을 좋아하나요? (like, which season, you, do)
   → Which season do you like?

Step 3 우리말 뜻에 맞게 주어진 단어를 사용해 문장을 만들어 보세요.

1. 어느 것이 더 싼가요? (cheaper, is, one)
   → Which one is cheaper?
2. 당신은 어느 노래를 좋아하나요? (do, you, song, like)
   → Which song do you like?

UNIT 01 사회 Cars for the Environment

Subject Words 빈칸에 들어갈 알맞은 단어를 쓰세요.

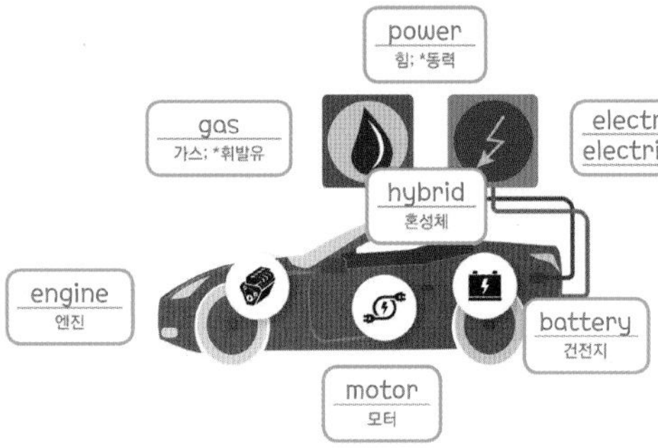

More Words 우리말에 맞도록 빈칸에 들어갈 알맞은 말을 보기 에서 찾아 쓰세요.

보기 noise charge quiet combination regular environment

1. These two cars use less gas than __regular__ cars.
이 두 자동차는 보통의 자동차보다 더 적은 기름을 사용합니다.
2. These two cars are better for our __environment__.
이 두 자동차는 우리의 환경에 더 낫습니다.
3. You __charge__ the battery in the car, and it moves.
당신이 그 자동차의 배터리를 충전하면, 그것이 움직입니다.
4. This car doesn't make much __noise__.
이 자동차는 많은 소음을 내지 않습니다.
5. This car is very __quiet__.
이 자동차는 매우 조용합니다.
6. *Hybrid* means "a(n) __combination__ of two different things."
혼성체는 '두 개의 다른 것들의 결합'을 의미합니다.

Grammar - Writing Link

both A and B A와 B 둘 다

'A와 B 둘 다'는 영어로 'both A and B'라고 표현할 수 있어요. 이때, and 앞뒤에 있는 A와 B는 같은 품사의 단어를 써야 합니다.

Step 1 빈칸을 알맞게 채워 문장을 완성해 보세요.

1. 그 자동차는 엔진과 전기 모터를 둘 다 가지고 있습니다.
→ The car has __both__ an engine __and__ an electric motor.
2. 그 자동차는 휘발유와 전기를 둘 다 사용합니다.
→ The car uses __both__ gas __and__ electricity.

Step 2 우리말 뜻에 맞게 괄호 안의 단어를 알맞은 순서로 배열해 보세요.

1. 나는 수학과 과학 둘 다 좋아합니다. (math, science, like, both, and, I)
→ I like both math and science.
2. 그의 엄마와 아빠 두 분 다 선생님입니다. (his mom, are, teachers, dad, and, both)
→ Both his mom and dad are teachers.

Step 3 우리말 뜻에 맞게 주어진 단어를 사용해 문장을 만들어 보세요.

1. 나는 개와 고양이 둘 다 무척 좋아합니다. (dogs, love, cats, I)
→ I love both dogs and cats.
2. 그 자판기는 음료수와 과자 둘 다 팝니다. (sells, beverages, the vending machine, snacks)
→ The vending machine sells both beverages and snacks.

UNIT 02 과학 Plastic Island

Subject Words 빈칸에 들어갈 알맞은 단어를 쓰세요.

More Words 우리말에 맞도록 빈칸에 들어갈 알맞은 말을 보기 에서 찾아 쓰세요.

보기 die carry ~ into island toxic harmful dangerous

1. The huge area of waste looks like an __island__.
그 거대한 쓰레기 지역은 섬처럼 생겼습니다.
2. Currents __carry__ the waste __into__ the middle of the ocean.
해류가 쓰레기를 바다 한가운데로 운반합니다.
3. The pile of waste is becoming more __dangerous__.
그 쓰레기 더미는 더 위험해지고 있습니다.
4. Most of the plastic waste is __toxic__.
대부분의 플라스틱 쓰레기는 유독합니다.
5. Sea animals can eat the plastic waste and __die__.
바다 동물들이 플라스틱 쓰레기를 먹고 죽을 수 있습니다.
6. We could eat these fish with __harmful__ chemicals.
우리는 해로운 화학물질이 있는 이 생선들을 먹을 수도 있습니다.

Grammar - Writing Link

become + 비교급 더 ~한 상태가 됩니다

become은 '~가 됩니다'라는 뜻의 동사예요. become 다음에 비교급을 쓰게 되면 '더 ~한 상태가 됩니다'라는 의미를 나타냅니다.

Step 1 빈칸을 알맞게 채워 문장을 완성해 보세요.

1. 그 쓰레기 더미는 더 커지고 있습니다.
→ The pile of waste is __becoming__ bigger.
2. 그 쓰레기 더미는 더 위험해지고 있습니다.
→ The pile of waste is __becoming__ more dangerous.

Step 2 우리말 뜻에 맞게 괄호 안의 단어를 알맞은 순서로 배열해 보세요.

1. 소금은 값이 더 싸졌습니다. (became, salt, cheaper)
→ Salt became cheaper.
2. 그는 더 인기 있어지고 있습니다. (more, is becoming, popular, he)
→ He is becoming more popular.

Step 3 우리말 뜻에 맞게 주어진 단어를 사용해 문장을 만들어 보세요.

1. 전기 자동차들은 더 흔해질 것입니다. (electric cars, common, will, more)
→ Electric cars will become more common.
2. 우리 도시는 더 밀도가 높아지고 있습니다. (is, denser, our city)
→ Our city is becoming denser.

UNIT 03 미술 Green Buildings in Cities

Subject Words 빈칸에 들어갈 알맞은 단어를 쓰세요.

More Words 우리말에 맞도록 빈칸에 들어갈 알맞은 말을 보기에서 찾아 쓰세요.

보기 roof rainwater warm heat care about wastewater

1. We __care about__ the environment.
우리는 환경에 관심을 가집니다.
2. The building gets __heat__ from sunlight.
그 건물은 햇빛으로부터 열을 얻습니다.
3. The building uses __wastewater__ and __rainwater__.
그 건물은 폐수와 빗물을 사용합니다.
4. The building has a very large, green __roof__.
그 건물은 매우 큰 녹색 지붕을 가지고 있습니다.
5. The building is __warm__ in winter.
그 건물은 겨울에 따뜻합니다.

Grammar - Writing Link

be located in ~ ~에 (위치해) 있습니다

'~에 (위치해) 있습니다'는 영어로 'be located in ~'이라고 표현할 수 있어요. be동사는 주어에 따라 am, are, is로 바꿔 써야 합니다.

Step 1 빈칸을 알맞게 채워 문장을 완성해 보세요.

1. 이 건물은 미국에 (위치해) 있습니다.
→ This building __is__ __located__ __in__ the United States.
2. 이 건물은 일본에 (위치해) 있습니다.
→ This building __is__ __located__ __in__ Japan.

Step 2 우리말 뜻에 맞게 괄호 안의 단어를 알맞은 순서로 배열해 보세요.

1. 그 섬은 태평양에 (위치해) 있습니다. (the Pacific Ocean, is located in, the island)
→ The island is located in the Pacific Ocean.
2. 그 산들은 캐나다에 (위치해) 있습니다. (Canada, the mountains, are located in)
→ The mountains are located in Canada.

Step 3 우리말 뜻에 맞게 주어진 단어를 사용해 문장을 만들어 보세요.

1. 그 성들은 숲 안에 (위치해) 있습니다. (the castles, the forest)
→ The castles are located in the forest.
2. 그 천문대는 공원에 (위치해) 있습니다. (the observatory, the park)
→ The observatory is located in the park.

UNIT 04 실과 Special Farming with Ducks

Subject Words 빈칸에 들어갈 알맞은 단어를 쓰세요.

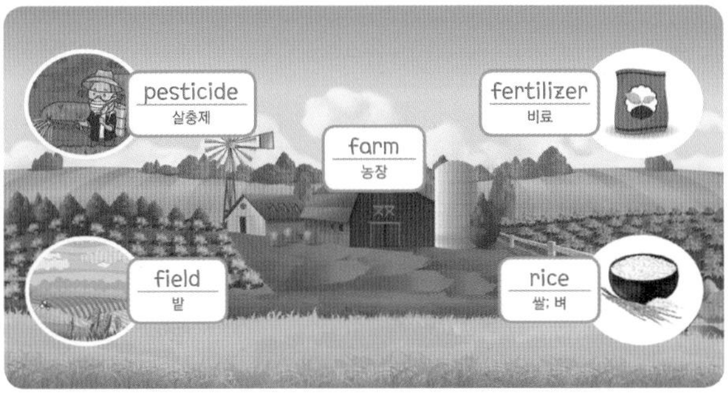

More Words 우리말에 맞도록 빈칸에 들어갈 알맞은 말을 보기에서 찾아 쓰세요.

보기 healthier ducks insects natural harvest wild

1. __Ducks__ are helping my parents.
오리들이 나의 부모님을 돕고 있습니다.
2. Ducks in the rice fields eat harmful __insects__ and __wild__ plants.
논에 있는 오리들은 해로운 곤충과 야생 식물을 먹습니다.
3. Duck droppings are __natural__ fertilizers.
오리의 배설물은 천연 비료입니다.
4. With these ducks, we __harvest__ __healthier__ rice.
이 오리들로, 우리는 더 건강한 쌀을 수확합니다.

Grammar - Writing Link

don't have to 동사원형 ~할 필요가 없습니다, ~하지 않아도 됩니다

'have to 동사원형'은 '~해야 합니다'라는 의무의 표현이에요. have to 앞에 부정의 don't를 붙이면 '~할 필요가 없습니다', '~하지 않아도 됩니다'라는 뜻이 됩니다.

Step 1 빈칸을 알맞게 채워 문장을 완성해 보세요.

1. 나의 부모님은 살충제를 쓸 필요가 없습니다.
→ My parents __don't__ __have__ __to__ use pesticides.
2. 나의 부모님은 비료를 쓰지 않아도 됩니다.
→ My parents __don't__ __have__ __to__ use fertilizers.

Step 2 우리말 뜻에 맞게 괄호 안의 단어를 알맞은 순서로 배열해 보세요.

1. 당신은 돈을 내지 않아도 됩니다. (don't, you, have to, pay)
→ You don't have to pay.
2. 우리는 그것에 대해 걱정할 필요가 없습니다. (worry about, it, have to, we, don't)
→ We don't have to worry about it.

Step 3 우리말 뜻에 맞게 주어진 단어를 사용해 문장을 만들어 보세요.

1. 우리는 내일 학교에 가지 않아도 됩니다. (tomorrow, go, to, we, school)
→ We don't have to go to school tomorrow.
2. 당신은 그 책을 읽을 필요가 없습니다. (read, you, the book)
→ You don't have to read the book.